Knaller Salate

Ylva Bergqvist

KNALLER SALATE

Fotos: Matilda Lindeblad
Illustration: Erica Jacobson

INHALT

KNUSPRIGES BROT UND SÄTTIGENDE KARTOFFELN

Üppige Salate mit sättigenden Kohlenhydraten

HEIß UND LECKER

Gegrillte und gebratene Beilagen

MEHR ALS NUR GARNITUR

Kleine, delikate Salate machen die Mahlzeit komplett

SÜßER ABSCHLUSS

Fruchtige Dessertsalate mit Obst und Beeren

„Hoppla, da bin ich!“

Ich liebe Salate. Zum einen, weil sie jede Menge gesundes Grün enthalten, zum anderen, weil sie zum Alltag genauso wie zur Party passen. Ein Salat kann eine sättigende Mahlzeit am Abend sein, ein perfekter leichter Lunch an heißen Sommertagen, eine Beilage zur Erhöhung des Gemüseanteils, ein Appetitanreger als Vorspeise oder der süße Abschluss eines tollen Mittagessens.

Er kann zum unglaublichen Geschmackserlebnis werden – wenn man sich von Eisbergsalat und Dosenmais entfernt.

Natürlich gibt es keine Sterne für den weltbesten Salatkoch, aber ich möchte behaupten, dass ich bei Salaten ziemlich gut bin. Meine Rezepte sind jedoch nichts für Minimalisten oder Kalorienzähler – Salate ohne Dressing finde ich wirklich todlangweilig. Ich mache Salate, die rufen: „Hoppla, da bin ich! Komm und genieß mich in knackigen, mundgerechten Happen“. Ich bereite Salate voller Aroma.

In diesem Buch finden Sie meine Lieblingssalate. Es sind meine Interpretationen klassischer Rezepte, sättigende Salate mit Getreide, Hülsenfrüchten, Brot und Kartoffeln sowie Bowls mit Reis oder Nudeln. Auch Vorspeisen und leichtere Salate, die ohne viel Drumherum serviert werden können, gehören dazu. Diese können Sie wiederum gut mit einer kleinen Extraportion in Form von Fleisch, Fisch, Geflügel oder pflanzlicher Alternative kombinieren.

Warme Gemüsebeilagen sind streng genommen vielleicht keine echten Salate, aber weil sie Variationen bieten und ein guter Ersatz bei Salatebbe im Gemüsefach sind, habe ich auch solche Rezepte in mein Buch aufgenommen. Es könnte gut sein, dass wir anfangen zu grübeln, ob ein Leben als Kaninchen nicht lebenswerter wäre!

Zum guten Schluss finden Sie auch ein Kapitel mit Desserts. Denn Obst und Beeren sind keine Süßigkeiten, sondern exzellente Zutaten für Salate. Und sie sind meiner Ansicht nach ein wunderbarer Abschluss für alle Mahlzeiten und für dieses Buch.

Ylva XoXo

SALAT ODER SALAT?

Was ist eigentlich Salat? Gut, Salat heißen die grünen Blätter, aus denen man Salat zubereitet. Heute können wir aber aus unzähligen Sorten wählen, und es werden immer mehr. Die Züchter kreieren neue Sorten durch Kreuzbefruchtung. Frillice entstand durch die Vereinigung von Eisberg- und Friséesalat. Cresta-Salat ist eine Mischung aus Römer-, Herz- und Eichblattsalat und SalaRico wurde aus Eisberg- und Romanasalat gezüchtet. Der Trend geht auch zu neuen Mischungen mit kleinblättrigen, geschnittenen Salaten im Beutel, weil Züchter und Händler mehr Gewinn anstreben und unser Leben damit erleichtern.

Die Sorten werden meist ausgehend vom Aroma (bitter, pfeffrig, süß, nussig) und ihrer Konsistenz (zart, fest, weich) beschrieben. Da das echte Leben aber erheblich komplizierter ist, ist es einfacher, wenn ich von meinen Favoriten berichte und Sie Ihre herausfinden können. Ich ordne die Sorten für mich folgendermaßen ein:

Bittere Sorten wie **Endivie, Radicchio, Frisée** und **Castelfranco** sind wunderschön, ich verwende sie aber eher sparsam und kaufe sie lieber in fertigen Salatmischungen, nicht als ganze Köpfe. Sonst besteht die Gefahr, dass der Salatkopf im Kühlschrank liegt und verdirbt. Ich empfinde den Endiviensalat als bitterste Sorte, während Frisée eher mild ist.

Rucola liebe ich sehr, ich nehme am liebsten junge Blättchen, die nussig und weniger bitter schmecken. Der **buttrige Grüne** oder **Kopfsalat** fällt mit Dressing zusammen, sodass ich ihn eher mit anderen, robusteren Sorten verwende, am Rand einer Bowl arrangiere oder schlicht mit Käse auf Brot verzehre. **Eichblattsalat** und **Lollo rosso** zählen nicht zu meinen Favoriten und vertragen auch kein Dressing, manchmal aber bin ich gnädig und verarbeite sie im gemischten Salat, weil sie solche Hingucker sind.

Unter den robusteren, festeren Sorten hat der **Römersalat** seinen traditionellen Platz im Caesar Salad, während der **Eisbergsalat** zu Unrecht ein schlechtes Image hat (er muss in eiskaltem Wasser baden, um sich voll zu entfalten).

Aber mein Herz schlägt nicht für diese beiden. Ich finde Frillice nur halbwegs bitter und schön knackig. SalaRico ist in Ordnung, ich jedoch liebe **Herzsalat**, auch als **Little Gem** oder **Babysalat** im Handel. Diesen Salat würde ich als süß, nussig und vital bezeichnen. In eiskaltem Wasser wird er knackig wie kaum ein anderer und ist ansonsten gut zum Braten geeignet.

Fertig geschnittene Mischungen nehme ich häufig, wenn ich zu faul bin, außerdem sind sie ganzjährig erhältlich. Ich kaufe Beutel mit **Feldsalat** mit seinem nussigen Aroma oder Mischungen mit leicht bitteren oder pfeffrigen Blättchen wie **Frisée, Rucola** oder **Radicchio**.

Sie heißen provenzalisch, toskanisch oder Bistro. Welcher Unterschied zwischen Provinzen und einem Restaurant bestehen könnte, überlasse ich Ihrer Fantasie. Salate im Topf kaufe ich selten, ich finde, das Mehr an Aroma macht sich nicht bezahlt.

Ich verwende gern **frische Kräuter, Spinat** und verschiedene **Kohlsorten**. Kohl hat gegenüber Salat viele Vorteile, er ist allgemein preiswerter, hat mehr Ballaststoffe und ist nährstoffreich. Mengen Sie deshalb gern etwas Kohl in Ihren Salat, wenn es möglich ist.

NICHT OHNE MEIN DRESSIN

Meist ist es nicht die Salatsorte, die dem Salat seinen Charakter verleiht, sondern das Dressing. Wenn Sie sich entschieden haben, welchen Salat Sie verarbeiten möchten, dann geht es ans Dressing. Manchmal möchte man es sich leicht machen, dann reicht es, Olivenöl und Essig auf den Tisch zu stellen oder etwas Zitronensaft auf den Salat zu träufeln. Meist schmeckt es aber viel besser, wenn man Säure und Fett mischt und das Dressing außerdem würzt. Ein Salat braucht Dressing, damit er nicht trocken und langweilig schmeckt, er sollte jedoch auch nicht ertränkt werden. Und alle Salatsorten sollten trocken sein, bevor das Dressing hinzugefügt wird. Schaffen Sie sich gern eine Salatschleuder an, wenn Sie noch keine besitzen.

Die Vinaigrette ist wohl das klassischste Dressing und besteht aus etwas Säure wie Essig oder Zitronensaft sowie einem guten Öl. Außerdem kann man Senf, fein geriebenen, frischen Ingwer oder gehackten Chili hinzufügen, mit etwas Süßem wie Sirup oder Honig abrunden und mit Salz, Pfeffer und anderen Gewürzen würzen.
Eine Vinaigrette kann in einer kleinen Schale geschlagen werden. Effektiver ist es jedoch, alle Zutaten in einen Behälter mit Deckel zu geben und diesen etwa 30 Sekunden zu schütteln. Dann emulgieren die Ingredienzen und das Dressing wird dickflüssiger. Besonders stabil wird es mit ein bisschen Senf, Ei oder Honig als Bindemittel.
Übliche Mengen für eine Vinaigrette sind 2/3 Öl und 1/3 Essig oder Zitronensaft. Wenn man es säuerlicher mag, kann man Essig und Öl jeweils zur Hälfte nehmen.
Ich finde, dass Vinaigrette gut zu sämtlichen Salatsorten und Kohl passt. Aber zu zarten Blättchen und Kräutern sollte das Dressing behutsam untergehoben werden, direkt vor dem Servieren, damit der Salat nicht zusammenfällt.
Cremige Dressings werden mit Ei, Avocado, Nussbutter, Crème fraîche, Joghurt oder einem anderen Milchprodukt als Basis hergestellt. Zu dieser Grundlage kann ein Aroma stoßen wie ein Klacks Miso, etwas Ajvar, ein Löffel Gochujang-Paste oder gehacktes Kimchi. Auch mit Sardellen, Kräutern, Zitronensaft, Senf, Chilisoßen etc. kann man würzen.
Festere Salatsorten wie SalatRico, Römer-, Herz- und Eisbergsalat sowie Kohl harmonieren gut mit Vinaigrette und mit cremigen Dressings. Sie können vor dem Servieren in einer großen Schale mit Dressing gewendet werden, da sie nicht so flüssigkeitsempfindlich sind.
Bevor das Dressing mit den restlichen Zutaten vermengt wird, überlege ich, ob Umami fehlt, das fünfte Aroma, das Gerichten Salzigkeit und Tiefe verleiht. Wenn ich mit dieser Überlegung fertig bin, füge ich oft einen Schuss Sojasoße, etwas asiatische Fischsoße (oder die italienische Variante Colatura di Alici), eine oder zwei Anchovis, etwas geriebenen Parmesan, einen Klacks weißes Miso, schwarze Bohnenpaste oder einen Löffel Kapern hinzu. Nur mit Salzen kommt man schon recht weit, Umami jedoch rundet das Salatvergnügen perfekt ab.

Auf den Seiten 158–170 sind sämtliche Dressings (und andere Gewürze) aus diesem Buch aufgelistet.

In der Salatküche

In meiner Küche gibt es natürlich jede Menge verschiedene Salatsorten und herrliches Gemüse, aber auch andere Zutaten, die als Komponenten in einem Salat unverzichtbar sind. Wir fangen mit dem an, was wir für das Dressing benötigen.

Öl

Für meine Dressings verwende ich vor allem **Olivenöl**. Es schenkt nicht nur ein tolles Aroma, es enthält auch gute, nützliche Fette.

Ein kalt gepresstes **Virgin Oil** schmeckt unwiderstehlich und passt gut für Dressings. Diesen teuren Tropfen sollten Sie jedoch nicht zum Braten verschwenden. Eine Faustregel lautet: ein feineres, kräftigeres Olivenöl im Dressing und ein preiswerteres, milderes zum Braten. Der Geschmack von Olivenöl ist je nach Herkunftsland und Herstellungsart unterschiedlich, also haben Sie die angenehme Aufgabe, sich zu ihrer Lieblingssorte durchzuprobieren.

Zum Braten und für Emulsionen wie Aioli oder Mayonnaise nehme ich ein **warm gespresstes Rapsöl**, da es ein neutrales Aroma besitzt, in unseren Breitengraden hergestellt wird, preiswert ist und hohe Temperaturen verträgt. Sie können auch **Erdnuss-, Sonnenblumen-** und **Maisöl** wählen, da sie ähnliche Eigenschaften haben. **Kalt gepresste Öle** haben viel Aroma, vertragen jedoch keine hohen Temperaturen und sind für diesen Zweck daher ungeeignet. Sie können jedoch ausgezeichnet für eine Vinaigrette verarbeitet werden.

Für asiatische Gerichte verwende ich häufig **Sesamöl**. Dabei befolge ich eine einfache Regel: Ich kaufe es im Asia-Laden und nehme das teuerste. Minderwertiges Sesamöl kann wie verbranntes Gummi schmecken, ein höherer Preis ist aber normalerweise die Garantie für ein Produkt ohne Reifengeschmack. Sesamöl kann ein sehr dominantes Aroma haben, seien Sie also sparsam beim Dosieren.

Manchmal wähle ich auch verschiedene **Nussöle** für Dressings. **Walnuss-** und **Haselnussöl** sind gut, teuer und ergiebig. Man braucht nur wenig davon und kann es außerdem gut zum Beispiel mit **Olivenöl** mischen. **Kürbiskern-** und **Avocadoöl** sind sehr gut, ich verwende sie aber nicht so oft.

Tahini und Butter

Statt Öl kann man auch Tahini oder ein bisschen **Nussbutter** in einem Dressing verarbeiten, zum Beispiel **Erdnuss-, Mandel-** oder **Cashewbutter**. Tahini ist eine Sesampaste aus gemahlenen Sesamsamen. Ich nehme am liebsten die helle, nicht so bittere Variante, die aus geschälten Samen hergestellt wird.

Butter sorgt für Fett und Aroma. Ich verwende sie dann, wenn ich mich nicht ums Cholesterin schere. Ich bräune sie gern in der Pfanne an, sie bekommt dann ein nussiges, besonders leckeres Aroma.

Essig, Zitrone und Sumach

Ich habe immer mehrere Essigsorten im Haus. **Weißer Balsamico** ist ein bisschen süßer mit milder Fruchtsäure und ich nehme ihn deswegen oft für eine Vinaigrette. Ich mag weißen Balsamico lieber als den roten oder den etwas dickeren Crema di Balsamico, der mir zu süß ist. Das ist aber natürlich reine Geschmackssache. **Reisweinessig** verwende ich für asiatische Dressings und Soßen. Für Dressings, vor allem aber zum Kochen, nehme ich auch Sherry-Essig, den ich sehr liebe, da er etwas säuerlicher, aber trotzdem deftig ist. Außerdem steht bei mir **Rotweinessig** im Vorratsschrank. Allerdings verwende ich ihn nicht so häufig, aber Essig hält sich ja ewig. **Weißweinessig** mag ich überhaupt nicht, ich wähle lieber **Apfelcidreessig** oder den weicheren (und kostspieligeren) **Champagneressig**.

Essig weist normalerweise einen Säuregehalt von 4 bis 7 Prozent auf und sein Aroma ist ganz von der Frucht abhängig, aus der er vergoren wird. Eine Faustregel lautet: je teurer der Essig, desto komplexer und besser sein Aroma.

Zitrone und **Limette** sind zwei Favoriten, von denen ich Saft und Schale verarbeite. Zitrusschale ist ein wunderbares Gewürz für Salatdressings und Nussstreusel bis hin zu Crunch und Cremes. Waschen Sie die Schale vor der Verwendung sorgfältig ab und nehmen Sie ungespritzte Früchte. Die Schale kann mit dem weltbesten Mitbringsel fein gerieben werden, einem Reibeisen der Marke Microplane. Zitronenschale kann auch mit Flüssigkeit wie zum Beispiel Sahne geschlagen oder verquirlt werden, wenn man eine Dessertcreme herstellen möchte. Oder mit Öl für ein Dressing, damit sich alle Aromen entfalten.

Um auch den letzten wertvollen Tropfen herauszubekommen, rollt man die Früchte mehrmals auf der Arbeitsfläche oder gibt sie für einige Sekunden in die Mikrowelle. Das verringert die Außenspannung und sie lassen sich dann besser auspressen. Nehmen Sie eine Zitruspresse oder verwenden Sie eine Gabel, die Sie in der Frucht drehen. Eine Zitrone ergibt ungefähr 3 EL Saft und eine Limette etwa 2 EL. Wie viel Saft es ist, hängt nicht von Ihrer Kraft, sondern von der Anatomie der Frucht ab – aber es ist eine ziemlich gute Richtlinie, wenn Sie Rezepte lesen, im Geschäft stehen und sich fragen, wie viele Zitronen oder Limetten Sie benötigen oder wenn Sie einen mutigen Tag haben und ohne Messhilfe kochen möchten.

Säure kann auch von **Sumach** stammen. Ein gängiges Gewürz im Nahen und Mittleren Osten, das durch Mahlen der Sumachbeere hergestellt wird. Es ist sehr schmackhaft, etwas ungewöhnlich und ein echter Gewinn.

Aromen

Salat erhält natürlich durch seine Zutaten Geschmack, aber durch zusätzliche Aromen, meist im Dressing, schmeckt er noch viel besser.

Häufig verwende ich **Senf** und **Ingwer**, ebenso **braune Butter, Tahini** (Sesampaste), **Erdnussbutter** und **Miso**, eine japanische Paste, die einer Umami-Bombe gleicht. Miso wird aus fermentierten Sojabohnen zubereitet und in verschiedenen Varianten angeboten. Ich nehme meist weißes Miso, auch Shiro genannt. Es ist toll für Mayonnaisen und Dressings, auch in Tomatensoße, Karamellsoße und Eintöpfen, darüber aber müsste ich ein weiteres Buch schreiben.

Ich liebe **Chili** in verschiedenen Formen. Die Schärfe hängt von der Sorte und davon ab, wie man die hotten kleinen Früchte verarbeitet.

Ein **Chiliöl** (zum Beispiel aus dem Asia-Laden oder nach dem Rezept auf S. 170) liefert viel Aroma, muss aber nicht unbedingt scharf sein, und eine Jalapeño ohne Samen hat kaum Schärfe. **Grüner Tabasco** aus grünen Jalapeños ist ebenso ein Favorit wie **eingelegte Jalapeños**. Die eingelegten finden Sie im Geschäft normalerweise bei mexikanischen Produkten, Sie können Chilis aber auch selbst einlegen (S. 170). Frische kleine **Piri-Piri** wie **Habanero** sind extrem scharf, während **Gochugaru**, koreanische Chiliflakes, recht mild schmecken.

Ich habe auch immer **Gochujang-Paste** im Kühlschrank, eine fermentierte, scharfe Chilipaste aus Korea. Außerdem **Harissa**, eine Gewürzpaste aus Nordafrika. Beide sind sehr scharfe, gute Aromen für Mayonnaisen und Dressings. Manchmal gibt es auch **Kimchi**, koreanischen fermentierten Kohl.

Käse, Kapern und **Sardellen** sorgen für Salz und Umami. Es gibt unzählige Käsesorten zur Auswahl, die neben Aroma auch Protein liefern, ein guter Baustein für einen eher sättigenden Salat. Auch **Soja-, Fischsoße** und **Bohnenpaste** sorgen für Umami. Für Salate nehme ich fast nur japanische Sojasoße, da sie etwas leichter ist. Fischsoße kaufe ich in asiatischen Geschäften. Bei einer guten Sorte bekommt man fast Lust, sie einfach so zu trinken, was viel sagt, wenn man bedenkt, wie Fischsoße riecht ... Auch schwarze Bohnenpaste aus fermentierten schwarzen Bohnen kaufe ich im Spezialitätengeschäft.

Um einem Salat Süße zu verleihen, verwende ich außer süßen Früchten und Gemüsen zum Beispiel **Zucker, Honig, Agavensirup** (und veganen Kaktussirup), Ahornsirup und Palmzucker. Letzterer wird aus dem Saft der Palme gewonnen und ist nicht so süß wie **Zucker**, sondern eher wie **Rohzucker**. In asiatischen Geschäften nehme ich eher Mirin, ein süßes, alkoholisches Getränk mit dickflüssiger Konsistenz. **Gelbe Rosinen** sind ein anderer Favorit, der auch zur Süße beiträgt.

Protein und Kohlenhydrate

Wenn Sie eher einen Mahlzeitensalat zubereiten möchten, sollten Sie auf Kohlenhydrate und Protein achten. Ich finde, dass Käse und pflanzliche Proteine im Salat ausgezeichnet harmonieren. Meine Favoriten sind **rote, schwarze** und **grüne Linsen**, gefrorene **Edamamebohnen, schwarze Bohnen** und **Kichererbsen**. **Tofu, Buchweizen** und **Quinoa** enthalten ebenfalls viel Protein. Käse gibt es in unglaublicher Vielfalt und ich kombiniere gern harte und salzige Sorten wie **Parmesan** und **Pecorino** mit weichen, cremigen wie **Mozzarella, Burrata** und **Ricotta**. **Feta** und **Halloumi** sind zwei andere Lieblinge.

Kohlenhydrate sind Bausteine, um den Salat sättigend zu machen und eine bessere Nährstoffbilanz zu erzielen. Ich liebe **Brot** und **Kartoffeln** und auch **Nudeln** in verschiedenen Formen im Salat. Subanudeln enthalten **Buchweizen** (aber auch Weizen), **Glasnudeln** werden aus Mungobohnen hergestellt und **Reisnudeln**, ja verrückt, die werden aus Reis gemacht. Ich verarbeite häufig auch **Rohreis**, **schwarzen** oder **Vollkornreis**. Dazu haben meine Kinder jedoch ihre eigene Meinung, sodass es zu Hause meist **weißen Reis** gibt, der nicht so gesund ist. **Bulgur** (mit Dampf unter Druck vorgekochter Weizen), **Speiseweizen** und **Haferreis** mag ich, während ich **Couscous** eher nicht liebe. Inzwischen kann man auch ziemlich gute Mischungen mit verschiedenen Körnern kaufen oder selbst welche mit gleicher Kochzeit mischen.

Auch **gerösteter Mais**, eigentlich ein Snack, ist in Salaten superlecker. Er enthält für ein Gemüse recht viel Protein, vor allem jedoch die schnellen Kohlenhydrate in Form von Zuckerarten und Fett (darauf achten, dass er nicht mit Palmfett hergestellt wurde), eine kleine Handvoll reicht also völlig.

Nüsse, Körner und gerösteter Reis

Ich finde, dass gute Nüsse oder ein paar Körner immer in einen Salat passen. Sie verleihen den unentbehrlichen Biss und gleichzeitig fungiert das Fett als Bindeglied zwischen den frischen Salatblättern und dem säuerlichen Dressing.

Natürlich kann Biss auch mit Croûtons erzeugt und Fett durch Käse geliefert werden, Nüsse und Körner sind jedoch tolle Komponenten. Ich nehme es nicht so genau und verwerte die Sorte, die ich im Haus habe, natürlich gibt es aber Lieblingssorten. Dazu zählen **Haselnüsse, Erdnüsse, Kürbiskerne, Pinienkerne** und **Sesamsamen**. Außerdem liebe ich **Mandeln** und wenn ich mich reich genug fühle, kaufe ich die aus Marcona in Spanien. Ansonsten reichen normale Mandeln mit Schale oder geräucherte, die sogenannten **BBQ-Mandeln**.

Außerdem nehme ich häufig die japanische Gewürzmischung **Furikake**. Man kann sie selbst herstellen, ich kaufe sie jedoch in asiatischen Lebensmittelgeschäften. Man findet sie auch im gut sortierten Supermarkt. Was ich jedoch gern selbst zubereite, ist die ägyptische Nussmischung **Dukkah** (S. 170), die ich über Salate und Gemüse streue. Und auch **Za'atar** mache ich selbst (S. 170), eine säuerliche Gewürzmischung aus dem Mittleren Osten, die unter anderem Sesamsamen enthält.

Gerösteter Reis (S. 59) aus thailändischem Sticky Rice liefert so viel Crunch wie Nüsse und Samen und passt ausgezeichnet zu asiatischen Salaten. Bereiten Sie davon direkt etwas mehr zu.

Der optimale Salat

Wie baut man eigentlich den perfekten Salat? Ein sättigender Mahlzeitensalat sieht ja völlig anders aus als ein grüner Salat, der als Beilage serviert wird. Die Vorgehensweise unterscheidet sich nicht besonders, drei Dinge sind jedoch wichtig, damit der Salat perfekt gelingt: Jahreszeit, Ausgewogenheit und Knackigkeit.

1. Jahreszeit

Wenn Sie festlegen, welche Art Salat Sie zubereiten möchten, sollten Sie überlegen, welche Gemüse und Früchte die Saison bietet. Dann sind sie nicht nur am besten, sie sind häufig auch preiswerter und wurden auf nachhaltigere Art produziert. Drei ganz einfache Dinge!

Da heutzutage nahezu alles ganzjährig zur Verfügung steht, kann es problematisch sein, zu wissen, wann was Saison hat. Sie können jedoch die Herkunft im Geschäft kontrollieren und überlegen, ob die Zutat einen langen Weg zurückgelegt hat. Ein weiterer guter Indikator ist der Preis. Der Zeitpunkt, zu dem Zutaten am preiswertesten sind, ist auch der, zu dem sie am besten sind.

2. Ausgewogenheit

Egal, welchen Salat Sie zubereiten, wichtig ist es, Ausgewogenheit zwischen unterschiedlichen Konsistenzen zu schaffen. Überlegen Sie sich einen knusprigen Gegenpart zu weichen Zutaten. Und umgekehrt. Ein Salat nur mit zarten Blättern wird beim Kauen schnell langweilig, wenn Sie jedoch knackigen Kohl oder ein paar Nüsse dazugeben, wird es interessant. Knackige Salatblätter passen gut zu weichen Kartoffeln etc.

Die fünf Grundaromen salzig, süß, säuerlich, bitter und umamai sollten ebenfalls ausgeglichen sein. Säure dämpft Bitterkeit und deshalb passen säuerliche Dressings gut zu bitteren Salatblättchen wie Radicchio oder Frisée. Fett, zum Beispiel von buttrigen Croûtons oder sahnigem Käse, kann ebenfalls als Ausgleich für bitteren Salat eingesetzt werden. Säure ist ein guter Gegenpart zu Fett und Süße. In der Praxis heißt das, dass ein Dressing gern mit etwas Honig, Ahornsirup oder Zucker abgerundet werden kann. Umami kann einem Dressing Tiefe verleihen, das sonst nicht so viel Aroma hat. Salz entfaltet die anderen Aromen, vergessen Sie also nicht, Ihren Salat zu salzen. Ein paar Körner verleihen sogar Ihrem Dessertsalat mehr Nuancen.

3. Knackigkeit

Noch wichtiger als die Ausgewogenheit ist der Kauwiderstand und ich finde, dass der richtige Biss das A und O eines gelungenen Salates ist. Man kann ihn auf mehrere Arten erzielen, aber wir fangen mit dem Salat und Gemüsen an. Schlaffe Salatblätter werden in eiskaltem Wasser zu neuem Leben erweckt, weil sie das Wasser in sich aufnehmen. Besonders gut und knackig werden feste Salatsorten wie SalatRico, Eisberg, Frillice, Herzsalat und Romana. Gemüse wie Fenchel, Möhren, Radieschen, Rettich, Kohl und Kohlrabi können fein geschnitten werden (mit dem Reibeisen) und dürfen ebenfalls ins eiskalte Bad.

Wenn Gemüse und Salat aus dem Wasser kommen, müssen sie gut abgetrocknet werden. Nasse Gemüse und Blättchen ergeben einen matschigen Salat, und das möchte doch niemand! Investieren Sie in eine Salatschleuder oder verwenden Sie ein Handtuch. Ich nehme gern welche aus Leinen oder Baumwolle. Bestimmte Gemüse wie Gurke enthalten bereits so viel Wasser, dass sie nicht gebadet werden müssen. Dagegen kann man das Kernhaus entfernen, damit sie knackiger schmecken.

Als Topping für den Salat eignen sich geröstete Samen und Nüsse gut. Furikake, Dukkah und gerösteter Reis sind ebenfalls schön knackig. Oder warum nicht einmal traditionelle Röstzwiebeln, die man sonst zum Hotdog isst? Wenn Sie etwas Ungewöhnliches zubereiten möchten, können Sie ungekochte Nudeln oder Reispapier frittieren – unglaublich knusprig und garantiert überraschend für Ihre Gäste. Brot ist preiswert, lecker und sorgt in Salaten für Biss. Außerdem ist man garantiert auf der guten Seite, wenn man Reste verwendet, die sonst entsorgt werden. Wenn Brot trocken und unattraktiv wird, schneide ich es in dünne Scheiben (das ist einfacher, wenn der Laib trocken ist) oder in Croûtons, danach kommt es in den Gefrierschrank. Ich brate es mit Knoblauch, Öl oder Butter (gerne mit brauner Butter, siehe Croûton-Rezept S. 85) oder ich röste es noch im gefrorenen Zustand. Ist kein Brot im Haus, nehme ich Panko, japanisches Paniermehl, für einen feinen Biss. Brot verwende ich auch als Topping für Salate – es sieht hübsch aus und landet sonst auf dem Tellerboden, wo es matschig wird.

Crisp kann also auf vielfältige Art erzeugt werden. Wichtig ist nur, dass er vorhanden ist, weil er dem Salat Biss und ein schönes Mundgefühl verleiht. Deshalb überlege ich immer wieder gern, wie man Crunch maximieren kann.

Finden Sie es kompliziert, einen Salat zu komponieren? Gut, dass es in diesem Buch 60 Rezepte gibt, mit denen ich Ihnen zur Seite stehe! ☺

UNKLAS
KLA

SISCHE SSIKER

Caesar, Caprese und andere Schätze auf meine Art

Caesarsalat mit Hühnchen

Einen Caesar nimmt man nicht unbedingt auf die leichte Schulter und dieses ist wohl das traditionellste Rezept in diesem Buch. Ich bereite ihn hier mit Hähnchenkeulen mit Haut zu, die ich knusprig brate, Sie können aber auch alle anderen Teile verwenden. Ich habe auch schon Bacon und Knoblauch-Croûtons im Ofen zubereitet und für noch mehr Crunch zusätzlich Kohl und Radieschen verarbeitet. Untraditionell, aber dennoch klassisch.

4 Portionen

3 große Scheiben helles Sauerteigbrot
1 Knoblauchzehe
Schale von 1 Zitrone, fein gerieben
2 Romanasalatköpfe
300 g Spitzkohl
10 Radieschen oder ½ Gurke
1 Paket Bacon (ca. 140 g)
500 g Hähnchenschenkel, ohne Knochen und gern mit Haut
Olivenöl
schwarzer Pfeffer, Salz
Parmesan, gerieben

Caesardressing
1 Knoblauchzehe
4 Sardellenfilets
1 großes Eigelb
1 TL Dijonsenf
2 EL Zitronensaft
1 EL Olivenöl
ca. 100 ml neutrales Rapsöl
3 EL Parmesan, fein gerieben
Salz und schwarzer Pfeffer

1. Brot reiben oder in Stücke schneiden. Knoblauch schälen und fein hacken. Das Brot mit Knoblauch, Zitronenschale, 2 EL Olivenöl, Salz und Pfeffer vermengen. Ziehen lassen.

2. Den Salat in grobe Stücke brechen, den Kohl in feine Streifen schneiden, Radieschen oder Gurke in dünne Streifen schneiden und alles zusammen in Eiswasser legen.

3. Knoblauch für das Dressing schälen. Zusammen mit den Sardellen fein hacken. In einer Schüssel mit Eigelb, Senf und Zitronensaft vermischen. Oliven- und Rapsöl schrittweise unterschlagen, bis ein cremiges Dressing entsteht. Den Käse unterheben. Leicht salzen und ordentlich pfeffern.

4. Die Brotstücke auf eine Seite eines Backblechs mit Backpapier legen. Die Baconscheiben auf die andere Seite geben. Backofen auf 175 °C heizen und das Blech einschieben. 15 – 20 Minuten rösten, bis die Croûtons golden und der Bacon knusprig ist. Nach der Hälfte der Zeit einmal wenden.

5. Das Hähnchen mit der Hautseite nach unten ca. 7 Minuten in etwas Öl braten, bis die Haut knusprig und das Fleisch fast gar ist. Wenden, Hitze reduzieren und fertig braten. Das Hähnchen gern ein paar Minuten ruhen lassen und dann in Scheiben schneiden. Mit Salz und Pfeffer würzen.

6. Die Gemüse abtrocknen oder schleudern. Schrittweise mit dem Dressing vermengen. Mit Hähnchenscheiben, Bacon und Croûtons garnieren. Nach Geschmack mit Käse bestreuen und das restliche Dressing separat dazuservieren.

Caesar-ish mit Kichererbsen

Vermutlich wissen wir alle, dass ein Caesarsalat nicht gerade ein kleiner Snack ist. Eine leichtere Variante erhält man, wenn man Bacon und Hähnchen gegen Kichererbsen und das traditionelle Dressing gegen Tahini-Dressing austauscht. Etwas weniger Kalorien, etwas mehr Gemüse. Der Salat wird vegan, wenn Sie die Sardellenfilets mit 1 ½ EL weißem Miso und den Parmesan mit einer veganen Variante ersetzen.

4 Portionen

1 Dose Kichererbsen, ca. 400 g
1 TL geräuchertes Paprikapulver
1 TL Kreuzkümmel, gemahlen
3 große Scheiben helles Sauerteigbrot
2 Köpfe Romana- oder Herzsalat
300 g Spitzkohl oder Rosenkohl
1 Kohlrabi
½ Gurke
Olivenöl, schwarzer Pfeffer, Salz und Parmesan

Tahinidressing mit Sardellen
1 Knoblauchzehe
3 Sardellenfilets
2 TL Dijonsenf
2 EL Zitronensaft
4 EL helles Tahini
3 EL neutrales Rapsöl
3 EL Parmesan, fein gerieben
Chiliflocken
Salz und schwarzer Pfeffer

1. Backofen auf 175 °C vorheizen.

2. Die Flüssigkeit von den Kichererbsen abgießen und die Erbsen mit Küchenpapier sorgfältig abtrocknen, da sie sonst im Ofen explodieren können. Es ist nicht schlimm, wenn die Schale abgeht, sie wird beim Rösten einfach nur knusprig. Die Kichererbsen mit den Gewürzen und 1 EL Öl vermengen, dann auf ein Backblech geben. Salzen.
Ca. 30 Minuten im Ofen rösten, bis die Kichererbsen golden sind. Brot in Stücke brechen und obenauf legen. Ungefähr weitere 10 Minuten rösten, bis die Brotstücke goldbraun sind.

3. Den Salat in grobe Stücke brechen und in eiskaltes Wasser legen. Kohl und Kohlrabi in feine Streifen schneiden und ebenfalls ins Wasser geben. Gurke fein schneiden.

4. Den Knoblauch für das Dressing schälen. Zusammen mit den Sardellen fein hacken. Mit Senf, Zitronensaft und Tahini mischen. Das Öl und ca. 2 EL eiskaltes Wasser schrittweise hineingeben, bis ein cremiges Dressing entsteht. Den Käse unterheben. Leicht salzen, ordentlich pfeffern und mit Chili würzen, wenn Sie es scharf mögen.

5. Die Gemüse abtrocknen oder schleudern und mit der Gurke vermengen. Das Dressing schrittweise darübergeben.

6. Mit Kichererbsen und Brotstücken toppen. Nach Geschmack mit Käse bestreuen und übrig gebliebenes Dressing separat dazuservieren.

SCH

Caprese auf Burrata mit Pfirsich

Gehaltvoller Salat, der in 15 Minuten fertig ist. Nehmen Sie zwei oder vier Käse, je nachdem, ob der Salat eine Vorspeise oder ein Hauptgericht werden soll. Vielleicht sind Sie aber auch einfach um den Cholesterinspiegel Ihrer Gäste besorgt … Ich finde, dass man Brot braucht, um die cremige Burrata zu löffeln. Wenn Sie einen reichhaltigeren Salat zubereiten möchten, geben Sie gekochten Speiseweizen, geröstete Croûtons, Rucola und Pinienkerne mit hinein. Soll es etwas schärfer sein, verwenden Sie fein gehackten Chili.

4 Portionen

4 Pfirsiche oder Nektarinen
600 g Tomaten, gern Kirschtomaten in verschiedenen Farben
Saft und fein geriebene Schale von 1 kleinen Zitrone
3 EL Olivenöl
2–4 Burrata, je 125 g
1 Bund Basilikum
Salz und schwarzer Pfeffer

1. Pfirsiche in Würfel schneiden, die Tomaten halbieren oder vierteln. In eine Schüssel geben und mit Pfeffer würzen. Ein paar Minuten ziehen lassen.

2. Zitronensaft, Zitronenschale und Öl vermengen.

3. Die Burrata in Stücke brechen und auf Teller legen. Die Pfirsich-Tomaten-Mischung darübergeben, das Dressing obenauf ringeln und mit Basilikumblättchen garnieren. Mit Salz und Pfeffer würzen.

4. Gern mit Brot servieren, man kann es wunderbar zum Löffeln verwenden.

Caprese mit brauner Haselnuss-Salbei-Butter

Braune Butter ist ja einfach himmlisch. Außerdem passt sie ausgezeichnet in Dressings, hier mit den Aromanachbarn Haselnuss und Salbei. Der Salat ist eher eine Beilage oder eine Vorspeise und kein Mittagsgericht, das für den ganzen Arbeitstag reicht, aber mit gutem Brot dazu bleibt man bis zum frühen Abend satt.

4 Portionen

1 kg Tomaten
2–4 Mozzarella, je 125 g
Salz und schwarzer Pfeffer

Braune Haselnuss-Salbei-Butter
2 EL Haselnüsse
75 g Butter
1 Bund Salbei
evtl. 1 Schuss Balsamico- oder Sherryessig

1. Die Tomaten in Scheiben oder Hälften schneiden, abhängig von ihrer Größe. In eine Schüssel geben, salzen und pfeffern.

2. Mozzarella in Scheiben schneiden. Würfel gehen auch, Scheiben sind aber hübscher. Auf einem Teller oder einer Platte anrichten.

3. Haselnüsse trocken in einer Pfanne rösten, bis sie leicht Farbe zeigen. Herausnehmen und nach dem Abkühlen grob hacken. Die Butter in der Pfanne bräunen, bis sie nicht mehr „brutzelt“. Salbeiblättchen hinzufügen und unter Rühren weiterbräunen, bis die Butter nussig duftet und hellbraun ist. Die Haselnüsse unterheben und die Mischung in eine Schale geben. Ein bisschen Essig hineinträufeln, wenn Sie es säuerlich mögen.

4. Flüssigkeit von den Tomaten abgießen und die Butter darauf geben. Dann die Mischung über den Mozzarella verteilen, der darauf seit ungefähr einer Viertelstunde wartet.

Der Salat sollte sofort verzehrt werden. Achten Sie darauf, dass die Tomaten Zimmertemperatur haben, sonst kann die Butter ausflocken.

Antipastisalat

Kalte Nudeln sind eigentlich nicht mein Ding, deshalb mache ich diesen Nudelsalat nicht so oft. Aber manchmal braucht man an müden Freitagabenden oder für ein spontanes Picknick einfach etwas Schnelles. Dann bereite ich diesen Salat mit der reisähnlichen Pasta Risoni und einem säuerlichen Dressing zu. Nehmen Sie die Mittelmeerdelikatessen, auf die Sie Appetit haben, halbgetrocknete Kirschtomaten sollten jedenfalls nicht fehlen. Sie sind viel aromatischer als die großen sonnengetrockneten Tomaten.

4 Portionen

400 g Risoni
45 g grüne Oliven, entkernt
100 g Kirschtomaten, halb- oder sonnengetrocknet
1 Beutel Mixsalat, gern mit Rucola
ca. 80 g Antipasti, z. B. eingelegte Artischocken, luftgetrockneter Schinken, Salami, Knoblauchgarnelen, Käse, Mandeln, Grissini, Brot, gegrillte Zucchini
Salz und schwarzer Pfeffer

Zitronen-Dill-Dressing

Saft und fein geriebene Schale von 1 Zitrone
10 g frischer Dill, gehackt
4 EL Olivenöl
Salz und Pfeffer

1. Risoni nach Packungsanweisung kochen. Kalt abspülen.

2. Die Zutaten zum Dressing in einer Schüssel verschlagen oder in einem Mixbecher mit Deckel mixen. Mit Salz und Pfeffer würzen.

3. Die Oliven hacken.

4. Risoni, Oliven, Tomaten und Dressing vermengen. Mit Salz und Pfeffer würzen. Mit Salat toppen und mit Antipasti nach Wahl servieren.

Blumenkohl-Taboulé

Blumenkohl ist ein wirklich vielseitiges Gemüse. Hier mariniere ich ihn roh in Zitronensaft, Olivenöl und jeder Menge Kräuter, um ihn zu einem superfrischen Salat zu verarbeiten, der an Taboulé erinnert. Auberginenhummus, Tsatsiki, Avocado oder gebratener Halloumi sind gute Beilagen. Manchmal serviere ich alle vier dazu, manchmal auch gebratenes Hühnchen.

4 Portionen

1–2 Köpfe Herzsalat
1 Blumenkohl, ca. 800 g
1 Granatapfel oder 225 g tiefgefrorene Granatapfelkerne
1 Gurke
2 Tomaten
1 Topf Minze
1 Bund Petersilie
65 g Pistazien, gehackt

Chilidressing mit Zitrone

1 Chili, entkernt und fein gehackt
Saft und fein geriebene Schale von 1 großen Zitrone
5 EL Olivenöl
Zucker, Salz und schwarzer Pfeffer

1. Salatblätter lösen und in eiskaltes Wasser legen. Die Blätter vom Blumenkohl entfernen. Wenn sie zart sind, dürfen sie zum Salat ins Wasser.

2. Den restlichen Blumenkohl fein hacken.

3. Granatapfel entkernen (wenn Sie keine tiefgefrorenen Kerne verwenden). Gurke und Tomaten fein würfeln. Die Kräuter fein hacken. Alles im Blumenkohlreis wenden.

4. Die Zutaten zum Dressing in einer Schüssel verschlagen oder in einem Mixbecher mit Deckel mixen. Salzen, pfeffern und mit einer Prise Zucker würzen. Das Dressing über den Blumenkohl geben und alles vermengen.

5. Den Salat abtrocknen oder schleudern. Zusammen mit dem Blumenkohlreis auf Tellern anrichten. Mit Nüssen garnieren.

Wenn Sie Ihr Taboulé mit Tsatsiki oder Auberginenhummus servieren möchten, finden Sie die Rezepte dafür auf S. 162 und S. 163.

Griechischer Salat mit frittiertem Fetakäse

Für manche ist frittiertes Snickers-Eis das beste Dessert der Welt. Und ich behaupte, dass der weltbeste griechische Salat mit frittiertem Fetakäse zubereitet wird. Zusammen mit Tomaten, Oliven und anderen klassischen Zutaten ergibt das eine perfekte Mischung aus cremig und frisch, zart und knackig, warm und kalt, säuerlich und salzig. An heißen Sommertagen gebe ich für mehr Salzigkeit und Umami einen Schuss Fischsoße in die Vinaigrette. Und ich serviere immer ein Stück Brot zu diesem Salat, damit man all das Gute, das am Tellerboden schwimmt, auftunken kann.

4 Portionen

1 rote Zwiebel
1 Gurke
1 grüne Paprika
6–8 Tomaten, gern in verschiedenen Farben
300 g Fetakäse
75 g Weizenmehl
1 Ei
120 g Panko oder Sesamsamen (oder halbe-halbe)
100 g schwarze Oliven, z. B. Kalamata, ohne Stein
Rapsöl und Salz

Vinaigrette mit Rotweinessig

½ Knoblauchzehe, fein gehackt
1 TL Dijonsenf
1 TL Oregano, getrocknet
2 EL Rotweinessig
4 EL Olivenöl
Salz und schwarzer Pfeffer

1. Die rote Zwiebel schälen und in feine Ringe schneiden.
2. Gurke, Paprika und Tomaten in beliebige Würfel schneiden. Etwas Salz darüberstreuen und ziehen lassen.
3. Die Zutaten zum Dressing in einer Schüssel verschlagen oder in einem Mixbecher mit Deckel mixen. Mit Salz und Pfeffer würzen.
4. Den Fetakäse abtrocknen, dann in Mehl, im verquirlten Ei und schließlich im Panko wenden. Den Käse in reichlich Rapsöl knusprig braten oder frittieren. Zum Frittieren sollte das Öl eine Temperatur von 180 °C haben.
5. Gurke, Tomaten und Paprika mit dem Dressing vermengen und auf einer großen Platte anrichten. Darauf die Käsestücke arrangieren und alles mit Oliven und Zwiebeln toppen.

Tipp: Bohnen werden in einigen Ländern wie Italien oder Dänemark gerne roh gegessen. Grüne Bohnen sollten dagegen generell nicht roh verzehrt werden, da sie das giftige Protein Phasin enthalten, das erst beim Garen zerstört wird. Wir empfehlen daher, die grünen Bohnen min. 10 Minuten zu kochen.

Niçoise mit Soja-Eiern

Fischsoße hat die Sardellen ersetzt, das Ei ist in Sojasoße eingelegt und das Dressing enthält Chiliöl, das wunderbar mit dem Thunfisch harmoniert. So kann es gehen, wenn man mit Aromen experimentiert und daraus ein superleckerer, ganz anderer Salat aus Nizza entsteht ... Wenn Sie das Rezept vereinfachen möchten, können Sie das Einlegen der Eier überspringen und sie einfach nur kochen.

4 Portionen

600 g Kartoffeln
300 g grüne Bohnen
2 Dosen Thunfisch, je 200 g
ca. 65 g kleine Salatblättchen
1 Kopfsalat
45 g schwarze Oliven
geröstete Zwiebeln
Schnittlauch, fein gehackt

Soja-Eier

8 Eier (oder 4, aber gern direkt mehr, wenn Sie ohnehin Eier einlegen)
100 ml Mirin
200 ml japanische Sojasoße

Chilidressing mit Fischsoße

2 Schalotten, fein gehackt
½ Knoblauchzehe, fein gehackt
2 TL Fischsoße
1 ½ EL Rotweinessig
3 EL Olivenöl
2–3 EL Chiliöl, Lao Gan Ma (oder S. 170)
Salz und schwarzer Pfeffer

1. Wasser zum Kochen bringen. Die Eier hineinlegen und 6–6 ½ Minuten kochen. Nach dem Abkühlen pellen. Mirin, Soja und 500 ml Wasser verrühren. Die Eier hineingeben und mindestens 1 Stunde marinieren lassen, gern auch 24 Stunden – am besten sogar 3 Tage, dann werden sie richtig braun und aromatisch.

2. Kartoffeln waschen und in Salzwasser garen. Das Wasser abgießen und die Kartoffeln abkühlen lassen. Nach dem Abkühlen in Stücke schneiden.

3. Grüne Bohnen sollten aber mind. 10 Minuten in Salzwasser al dente kochen. Danach gern in Eiswasser legen, sodass sie knackig werden.

4. Die Zutaten zum Dressing in einer Schüssel verschlagen oder in einem Mixbecher mit Deckel mixen. Mit Salz und Pfeffer würzen.

5. Die Flüssigkeit vom Thunfisch abgießen. Salat, Kartoffeln, grüne Bohnen und Thunfisch anrichten. Das Dressing darüberringeln und mit Ei, Oliven, gerösteten Zwiebeln und Schnittlauch toppen.

Die Soja-Eier sind im Kühlschrank etwa 1 Woche haltbar und lecker auf Butterbrot, zu Ramen oder einfach so als Snack. Mirin kann durch 50 ml Reisweinessig und 45 g Feinzucker ersetzt werden. Den Sirup simmern lassen, bis sich der Zucker aufgelöst hat.

KNACKIGE UND HERZHAFTE

KÖRNER LINSEN

Mahlzeitensalate mit Erbsen, Linsen, Bohnen, Getreide und Quinoa

Brokkoli mit Speiseweizen, Burrata und Pistazienpesto

Das Pistazienpesto in diesem Salat ist himmlisch und nicht mit gekauftem vergleichbar. Wenn Sie mittags aber gerade mal eine Viertelstunde Zeit haben, können Sie natürlich fertiges Pesto und vorgegarten Ebly-Weizen kaufen. Immer noch besser als eine Tüte Fertiggericht aus der Kühltruhe! Im Winter kann man die Tomaten im Ofen rösten, damit sie etwas süßer werden. Oder man lässt sie ganz weg. Runden Sie den Salat gern mit ein paar Zitronenspalten ab, damit jeder den Säuregrad selbst bestimmen kann.

4 Portionen

130 g Speiseweizen
500 g Brokkoli
3 Scheiben helles Landbrot
40 g Parmesan, fein gerieben
400 g Kirschtomaten
80 g Rucola
2 Burrata, je 125 g
Olivenöl, Salz und schwarzer Pfeffer

Pistazienpesto

2 Bund Basilikum
1 kleine Knoblauchzehe, fein gehackt
1 EL Zitronensaft
65 g Pistazien, geschält
50 g Parmesan, fein gerieben
100 ml Olivenöl
Salz und schwarzer Pfeffer

1. Den Weizen laut Packungsanweisung kochen.

2. Backofen auf 225 °C vorheizen.

3. Den Brokkoli in große Stücke teilen und auf ein Backblech legen. Öl darüberträufeln. Das Brot in Stücke brechen oder schneiden, in etwas Öl wenden und im Käse wälzen. Die Brotstücke um den Brokkoli legen, mit Salz und Pfeffer bestreuen. 10 Minuten im Ofen backen, bis die Croûtons und der Brokkoli Farbe zeigen.

4. Ein paar Basilikumblättchen zum Garnieren beiseitelegen. Den Rest mit den übrigen Zutaten zum Pesto mixen. Mit Salz und Pfeffer würzen. Etwas kaltes Wasser zum Pesto geben, wenn es zu dickflüssig ist.

5. Die Kirschtomaten halbieren.

6. Tomaten, Speiseweizen, Brokkoli, Rucola und Croûtons in einer Schüssel vermengen. Den Burrata in Stücke brechen und obenauf legen. Etwas Pesto darüberringeln und mit Basilikum garnieren. Das restliche Pesto separat servieren.

Machen Sie gern etwas mehr Pesto. Großartig zu Pizza, Pasta und in Dressings! Es hält sich im Kühlschrank etwa eine Woche.

Erdbeeren mit Linsen, Hühnchen, Fetakäse und Minze

Hier kommt ein wirklich anständiger Salat. Er gelingt immer und enthält Zutaten, die überall erhältlich sind. Nach der Erdbeerzeit können Sie stattdessen Tomaten verwenden. Wenn ich keine frischen Jalapeños für das Dressing zu Hause habe, nehme ich als „Lebensretter" grünen Tabasco aus dem Kühlschrank oder eine Dose eingelegte Jalapeños. Harissa, Sambal Olek und Sriracha-Soße sind andere Helden meiner Küche, weil ich ohne Chili nicht leben kann.

4 Portionen

180 g getrocknete rote Linsen
1 Apfel
300 g frische Erdbeeren
4 EL süße Mandeln oder Cashewkerne
500 g Hühnerfilet, Brust oder Schenkel, gern mit Haut
150 g Salat, gern feste und zarte Sorten gemischt
150 g Fetakäse
1 Bund Minze
neutrales Rapsöl
Salz und schwarzer Pfeffer

Jalapeño-Dressing mit Zitrone und Honig

1 TL Dijonsenf
2 TL Honig
Saft von ½ Zitrone
3 EL Olivenöl
1 frischer Jalapeño oder ein paar Tropfen grüner Tabasco
Salz und schwarzer Pfeffer

1. Die Linsen in Salzwasser 3–5 Minuten al dente kochen. Überschüssiges Wasser abgießen und die Linsen abkühlen lassen.

2. Sämtliche Zutaten für das Dressing bis auf den Chili in einer Schüssel verschlagen oder in einem Mixbecher mit Deckel mixen. Chili in feine Scheibchen schneiden (oder fein hacken), dann hinzufügen. Mit Salz und Pfeffer würzen. Mit den Linsen vermengen.

3. Den Apfel fein hacken und die Erdbeeren halbieren.

4. Die Mandeln trocken in einer Pfanne rösten. Herausnehmen und zur Seite stellen. Etwas Öl in die Pfanne geben, das Fleisch hineinlegen und braten. Mit Salz und Pfeffer würzen. Das Fleisch nach dem Abkühlen in Scheiben schneiden. Die Mandeln grob hacken.

5. Salat, Linsen, Erdbeeren und Apfel in einer Schüssel mischen. Den Fetakäse darüberbröseln und mit Hühnchen, Mandeln und Minzeblättchen toppen.

Schwarze Bohnen mit geröstetem Mais und Mangosalsa

Sättigend, aromatisch und frisch. Das ist meistens alles, was ich von einem Salat als Hauptgericht verlange, und diese Veggie-Bowl mit mexikanischen Aromen steht definitiv für diese Dreifaltigkeit. Außerdem sind Gerichte mit Snacks immer ein Hit. Es heißt ja „the more, the merrier", und das gilt auch hier, man kann nämlich etwas saure Sahne und geriebenen Käse hinzufügen, wenn man den Salat nicht vegan zubereiten möchte.

4 Portionen

160 g Haferreis, Speisehafer oder Bulgur
1 ½ EL konzentrierter Fond, z. B. Geflügel- oder Gemüsefond
1 Lorbeerblatt
2 EL Olivenöl
1 Dose schwarze Bohnen, ca. 400 g
2 rote Zwiebeln
1 frischer Jalapeño
Saft von 1 Limette
2 Köpfe Herzsalat
200 g Rotkohl
2 Avocados, ohne Stein
2 Handvoll geröstete Maiskörner (im Snackregal)
Salz und schwarzer Pfeffer

Mangosalsa
300 g Mango in Würfeln, gern tiefgefroren
Saft und fein geriebene Schale von 1 Limette
1 roter Chili
2 Bund Koriander
Salz und schwarzer Pfeffer

1. Getreide nach Packungsanweisung mit Fond und Lorbeer kochen. Wenn es fertig ist, Öl einrühren. Die Flüssigkeit von den Bohnen abgießen und die Bohnen mit dem Getreide mischen.

2. Zwiebeln schälen, diese und den Jalapeño in dünne Streifen schneiden. Mit Limettensaft vermischen.

3. Salatblätter lösen und in eiskaltes Wasser legen.

4. Mango, Limettensaft und Limettenschale zur Salsa vermengen. Chili (nach Geschmack ohne Kerne) und den Großteil der Korianderblättchen fein hacken. Einige Blätter zum Garnieren übrig lassen. Mit Mango, Salsa und Pfeffer mischen.

5. Rotkohl in feine Streifen schneiden. Die Avocado in dünne Scheiben schneiden. Die Salatblätter abtrocknen, gern in einer Salatschleuder.

6. Getreide und Salat in Schüsselchen anrichten. Mit Mango, Chilizwiebeln, Rotkohl, Avocado, einer Handvoll Maiskörnern und den restlichen Korianderblättern garnieren.

WOW

Zucchini an Zitronendressing mit Linsen und honiggebackenem Fetakäse

Ein Salat ohne Salat und eine phänomenale Mischung aus säuerlich, salzig, süß und cremig. Einmal habe ich ihn komplett allein verspeist und lag danach eine halbe Stunde bewegungsunfähig auf der Couch. Trotzdem eine schöne Erinnerung, weil warmer, honiggebackener Feta mit säuerlicher Zucchini so großartig ist, wie es klingt. Nehmen Sie lieber drei kleine als eine große Zucchini, weil die großen viel Wasser enthalten. Sie eignen sich besser zum Braten als zum rohen Marinieren in Zitrone. Wenn Sie es scharf mögen, können Sie ein bisschen fein gehackten Chili als Topping einsetzen.

4 Portionen

135 g getrocknete grüne Linsen
900 g Zucchini, gelb oder grün
300 g Fetakäse
4 EL Honig
4 EL Olivenöl
Saft und fein geriebene Schale von 1 Zitrone
1 Bund Minze
3 EL Dukkah (S. 170) oder geröstete Sesamsamen
Salz und schwarzer Pfeffer

1. Linsen laut Packungsanweisung bissfest kochen. Flüssigkeit abgießen und abkühlen lassen.

2. Backofen auf 225 °C mit Grill vorheizen.

3. Die Zucchini mit einer Reibe, einem Spiralschneider oder Käsehobel dünn hobeln. Sie können sie auch hauchdünn schneiden.

4. Den Fetakäse in eine eingeölte Backform legen. Honig und 1 EL Olivenöl darüberringeln. Ungefähr 5–10 Minuten im Ofen backen, bis der Käse eine schöne Farbe angenommen hat.

5. Zitronensaft und das restliche Öl mit den Linsen und Zucchini mischen. Mit Salz und Pfeffer würzen.

6. Mit dem warmen Fetakäse, Zitronenschale, Minze und Dukkah oder Sesamsamen toppen.

Auberginenhummus mit Blumenkohl und Getreide

Hummus von gerösteten Auberginen ist wie ein proteinhaltiges Baba Ganoush. Hier habe ich das leicht rauchige Hummusaroma mit süßen Rosinen, zitronensauren Zwiebeln und scharfen Jalapeños kombiniert. Genial, vegan göttlich! Es kann schwierig sein, die gelben Rosinen zu bekommen, aber es ist die Mühe wert. Wenn der Magen ordentlich knurrt, gebe ich etwas Fetakäse, gebratenes Hühnchen oder Halloumi dazu.

4 Portionen

160 g Haferreis, Speisehafer oder Bulgur
1 Blumenkohl, ca. 800 g
1 ½ TL Currypulver
2 TL Kreuzkümmel, gemahlen
1 rote Zwiebel
1 grüner Chili, entkernt
Saft von 1 Zitrone
1–2 Köpfe Herzsalat
5 EL gelbe Rosinen
4 EL Dukkah (S. 170) oder geröstete Sesamsamen
Olivenöl
Salz und schwarzer Pfeffer

Auberginenhummus
2 Auberginen, je ca. 325 g
4 Knoblauchzehen, geschält
1 Dose Kichererbsen, ca. 400 g
5 EL helles Tahini
1–2 EL Zitronensaft
1 TL Kreuzkümmel, gemahlen
1 TL Koriander, gemahlen
geräuchertes Paprikapulver
Olivenöl
Salz und schwarzer Pfeffer

1. Backofen auf 225 °C vorheizen.

2. Die Auberginen für das Hummus der Länge nach halbieren, dann die Knoblauchzehen in das Fleisch drücken. Auf ein Backblech mit Backpapier legen, etwas Öl darüberträufeln und mit Salz und Pfeffer würzen. Ca. 35 Minuten backen, bis die Auberginen weich sind und einen feinen Röstton zeigen.

3. Getreide laut Packungsanweisung in Salzwasser kochen.

4. Mit Currypulver, Kreuzkümmel und etwas Öl vermengen. Mit Salz und Pfeffer würzen.

5. Die rote Zwiebel schälen und wie den Chili in dünne Streifen schneiden. Mit Zitronensaft und 2 EL Olivenöl mischen.

6. Salatblätter lösen und in eiskaltes Wasser legen.

7. Die Auberginen aus dem Ofen holen und stattdessen den Blumenkohl auf das Blech legen. Ungefähr 10 Minuten backen.

8. Das Auberginenfruchtfleisch herausschaben und mit den abgegossenen Kichererbsen und Tahini mixen. Mit Zitronensaft, Kreuzkümmel, Koriander und Salz abschmecken. Paprikapulver darüberpudern.

9. Den Salat abtrocknen oder schleudern.

10. Salat, Getreide und Blumenkohl vermengen. Mit gelben Rosinen, Chili, Zwiebeln und Dukkah garnieren. Etwas Öl darüber ringeln und mit Auberginenhummus servieren.

Gelbe Rüben mit Ziegenkäse, Nüssen und Quinoa

Jetzt verrate ich Ihnen einen Trick zur besseren Zubereitung von Quinoa: Rösten Sie die kleinen, proteinreichen Samen vor dem Kochen! Für dieses Rezept habe ich für einen leckeren Salat mit tollem Biss auch den Speiseweizen und die Nüsse geröstet. Ich mag gelbe Rüben am liebsten, aber nehmen Sie einfach die Farbe, die Ihnen am besten gefällt. Der Apfel unterstreicht den leicht erdigen Geschmack, aber auch Birne, Fenchel oder Kohlrabi passen gut.

4 Portionen

800 g gelbe Rüben oder Ringelbete oder Rote Bete
70 g Haselnüsse
80 g Quinoa
75 g Speiseweizen
1 EL Butter
1 Apfel
80 g Mixsalat, gern leicht bittere Sorten, z. B. Frisée, Rucola, Radicchio
200 g weicher Ziegenkäse oder Labneh
frische Kräuter, z. B. Minze und Dill
Salz

Nussiges Senf-Honig-Dressing
1 TL Dijonsenf
2 TL Honig
1 EL Apfelcidreessig
1 EL Nussöl oder Nussbutter
2 EL Olivenöl
Salz und schwarzer Pfeffer

1. Die Rüben in Salzwasser garen. Unter fließendem kalten Wasser schrubben, wenn sie noch etwas warm sind, dann geht die Schale besser ab. Die Rüben in Spalten oder Scheiben schneiden.

2. Die Nüsse in der Pfanne trocken rösten. Herausnehmen, dann in derselben Pfanne Quinoa und Speiseweizen rösten, bis sie Farbe zeigen, ca. 5 Minuten unter Rühren. Aufpassen, dass nichts anbrennt! 3 EL zur Seite stellen. Den Rest in reichlich Wasser mit etwas Salz al dente kochen, ca. 10 Minuten. Das Wasser abgießen, die Butter einrühren und die Mischung mit einer Gabel fluffig wenden. Nüsse grob hacken, dann mit dem restlichen Quinoa und Speiseweizen zu Streuseln mischen.

3. Die Zutaten zum Dressing in einer Schüssel verschlagen oder in einem Mixbecher mit Deckel mixen. Mit Salz und Pfeffer würzen.

4. Den Apfel in kleine Würfel schneiden.

5. Rüben, Quinoa-Speiseweizenmischung, Apfel und Salat in eine Schüssel geben. Dressing darüberringeln und mit gekrümeltem Käse, Kräutern und Streuseln garnieren.

Walnuss- oder Haselnussöl verleiht dem Dressing ein feines, nussiges Aroma. Nussöl kann jedoch schwer erhältlich sein und wird schnell ranzig, sodass ich stattdessen begonnen habe, Mandel- oder Cashewbutter zu verarbeiten. Nussbutter finden Sie bei Reformkost.

Grünkohlsalat mit Süßkartoffel und Halloumi

Gesund, gut und mit knackigem Biss. Ein wunderbarer Herbst- und Wintersalat mit verschiedenen Konsistenzen und Aromen in schöner Balance – süße Süßkartoffel, knackige Linsen, frischer Salat, cremige Avocado, halbfester Käse und säuerliches Za'atar. Ich maximiere das Grün gerne und mische Kräuter, Salat und Grünkohl hinein, was ich mit etwas Salz „aufschließe", sodass die Blätter weich werden. Da der Winter lang ist, variiere ich den Salat mit Streifen von Rosenkohl, Rotkohl und Spitzkohl. Manchmal mixe ich die Soße mit gehackten Kräutern grün oder füge mit Harissa Schärfe hinzu.

4 Portionen

240 g grüne Linsen, gekocht (gern auch aus der Dose)
400 g Süßkartoffeln
200 g Grünkohl
1 Kopf Herzsalat
1 Bund Petersilie
1 Bund Minze
2 Avocados, ohne Stein
1 Pck. Halloumi, ca. 150 g
3 EL Za'atar (S. 170 oder fertig gekauft)
Olivenöl
Salz und schwarzer Pfeffer

Tahinidressing

75 g helles Tahini
Saft von ½ Zitrone
1 Knoblauchzehe, fein gehackt
Salz, schwarzer Pfeffer und Honig

1. Backofen auf 225 °C vorheizen.

2. Die Linsen mit Küchenpapier sorgfältig abtrocknen. Die Süßkartoffeln schälen und in 1 cm große Würfel schneiden. Linsen und Kartoffeln mit etwas Öl vermengen. Salzen und auf ein Backblech mit Backpapier legen. Im Ofen ca. 20 Minuten rösten, bis die Süßkartoffeln eine schöne Farbe zeigen und die Linsen leicht knackig sind.

3. Den Grünkohl in kleinere Stücke zupfen. In einer Schüssel mit Öl und einer Prise Salz einreiben, sodass er weich wird.

4. Salatblätter lösen und in eiskaltes Wasser legen. Die Kräuter dazugeben.

5. Tahini, Zitronensaft und Knoblauch zu einem Dressing verrühren. Ungefähr 4 EL kaltes Wasser schrittweise hinzufügen, bis die Konsistenz cremig ist. Salzen, pfeffern und mit etwas Honig abschmecken.

6. Das Avocadofleisch in Stücke und den Halloumi in Würfel schneiden. Den Halloumi in etwas Öl golden braten oder die letzten 5 Minuten zu den Süßkartoffeln in den Ofen geben.

7. Kräuter und Salat abtrocknen oder schleudern.

8. Den Kohl mit der Hälfte des Dressings vermengen. Mit den restlichen Gemüsen, der Linsenmischung und Halloumi in eine Schüssel geben. Mit Za'atar garnieren und das restliche Dressing separat dazuservieren.

ASIATISC
ARO

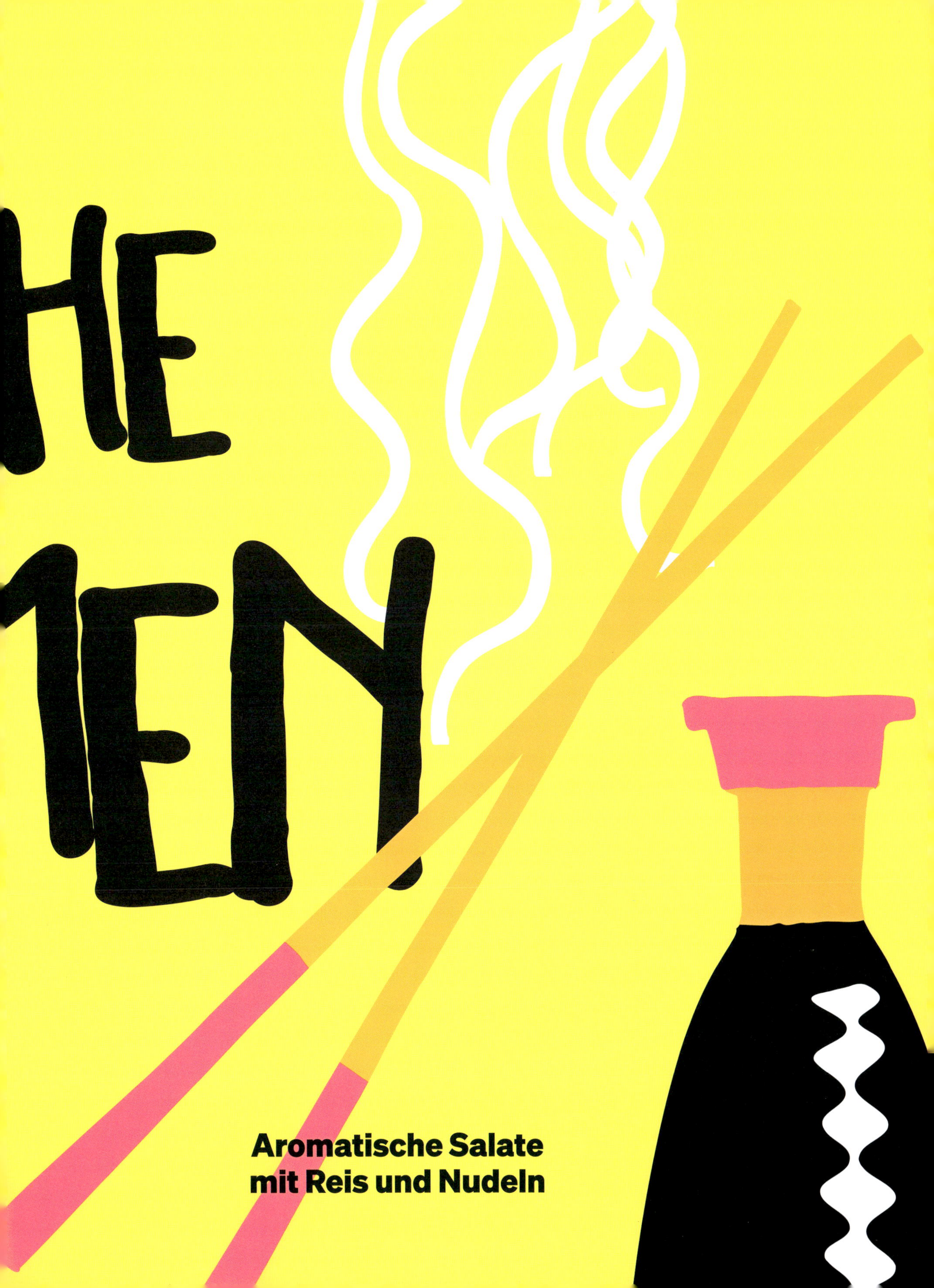

Aromatische Salate
mit Reis und Nudeln

Sticky rice, auch Klebereis genannt, ist in Asia-Läden erhältlich, es funktioniert aber auch mit geröstetem Jasminreis gut. Wenn Sie keine Zeit haben, den Reis zu rösten, nehmen Sie einfach geröstete Erdnüsse. Das ist zwar nicht dasselbe, aber es wird trotzdem lecker.

Larb auf Blumenkohl mit Tofu

Vorsicht! Dieser Salat kommt bei Kindern nicht unbedingt gut an. Ich aber liebe dieses aromatische, scharfe und auch noch gesunde Gericht. Es stammt aus Laos und dem Norden Thailands, wo es aus Gehacktem, Fischsoße und häufig sogar Blut besteht, hier aber kommt meine vegane Variante. Chilityp und -menge bestimmen, wie scharf Ihr Larb wird. Ich liebe es ordentlich feurig, aber das liegt natürlich in Ihrer Hand. Die Kräuter sind wichtig, Koriander und Minze sind das Minimum.

4 Portionen

80 g Klebe- oder Jasminreis
2 Köpfe Herzsalat
1 Blumenkohl, ca. 800 g
1 EL japanische Sojasoße
Limettenspalten
gehackter Chili
frische Minze, Koriander und Thaibasilikum
neutrales Rapsöl

Marinierter Tofu

400 g fester Tofu
2 Stängel Zitronengras
4 Kaffirlimettenblätter, in Streifen
1–2 rote Chili, z. B. Bird's Eye, entkernt und gehackt
2 Knoblauchzehen, fein gehackt
4 EL japanische Sojasoße
Saft von 1 ½ Limetten
2 EL weißes Miso
1 EL Sesamöl
2 TL Feinzucker

1. Tofu mit Haushaltspapier trockentupfen. In ein sauberes Küchenhandtuch legen und wie ein Bonbon fest drehen, damit möglichst viel Flüssigkeit herausgepresst wird und der Tofu zerbröselt.

2. Die äußeren Blätter des Zitronengrases entfernen. Das Gras mit dem Messergriff klopfen und dann fein hacken. Mit den restlichen Zutaten zur Marinade mischen und über den Tofu geben. Mindestens 30 Minuten bis zu 3 Tage im Kühlschrank marinieren lassen.

3. Den rohen Reis bei mittlerer Hitze in der Pfanne hellbraun rösten, ca. 15 Minuten. Immer wieder umrühren, damit nichts anbrennt. Abkühlen lassen, dann den Reis im Mixer oder im Mörser zerkleinern.

4. Salatblätter lösen und in eiskaltes Wasser legen. Den Blumenkohl zu grobem „Reis" mixen oder hacken. Die Blätter zur Seite legen, wenn sie zart sind.

5. Den Reis mit etwas Öl in einer großen oder zwei kleineren Pfannen einige Minuten rösten, bis er Farbe zeigt, aber noch fest ist. Tofu, Marinade und eventuell Blumenkohlblättchen hinzufügen. Umrühren, Temperatur hochschalten und kurz durchbraten lassen. Sojasoße und ca. 2 EL Wasser hinzufügen.

6. Den Salat abtrocknen oder schleudern.

7. Den Blumenkohlreis in die Salatblätter legen und mit geröstetem Reis, Chili und jeder Menge frischer Kräuter toppen. Mit Limettenspalten servieren.

Garnelen mit Ponzu-Mayonnaise

Glänzende schwarze Linsen heißen Belugalinsen, da sie wie russischer Kaviar aussehen. Ponzu ist eine japanische Soße mit Soja und Zitrussaft (ist fertig erhältlich), die dem Dressing und der Garnelenmarinade Aroma verleiht. Ob man diese beiden Zutaten häufig verwendet, lasse ich mal dahingestellt, aber sie passen ausgezeichnet zusammen. Das Dressing schmeckt extrem gut, ist kinderleicht gemacht und passt als Soße zu allen möglichen asiatischen Gerichten.

4 Portionen

90 g getrocknete schwarze Linsen
85 g Sojabohnen, tiefgefroren
1 Kopf Herzsalat
1 Kopfsalat
150 g Kohl, z. B. Spitzkohl
10 Radieschen oder 10 cm Rettich
1 große Möhre
100 g Lauchzwiebeln
4 EL Sesamsamen
Sesamöl zum Braten

Marinierte Garnelen

1 roter Chili, entkernt und fein gehackt
1 Knoblauchzehe, fein gehackt
1 EL frischer Ingwer, fein gerieben
2 EL Ponzu-Soße
400 g große Garnelen ohne Schale, z. B. Vannamei
2 TL Sesamöl

Ponzu-Mayonnaise

½ TL Sesamöl
2 EL Ponzu-Soße
150 ml Mayonnaise

1. Die Linsen laut Packungsanweisung in gesalzenem Wasser bissfest kochen. Die Sojabohnen hinzufügen und warm werden lassen. Wasser abgießen, Bohnen und Linsen kalt abspülen.

2. Chili, Knoblauch, Ingwer und Ponzu zur Marinade vermischen und über die Garnelen geben. Ungefähr 15 Minuten ziehen lassen.

3. Salatblätter lösen. Den Kohl in Streifen schneiden, Radieschen oder Rettich in dünne Scheiben. Möhre schälen und in Streifen schneiden. Alles zusammen in eiskaltes Wasser legen. Die Lauchzwiebeln in Streifen schneiden.

4. Die Zutaten zur Mayonnaise vermischen.

5. Sesamsamen in einer trockenen Pfanne rösten.

6. Salat und Gemüse abtrocknen oder schleudern. Mit der Linsen-Bohnen-Mischung und der Hälfte der Mayonnaise vermengen.

7. Die Garnelen herausnehmen und trocken tupfen. In einer Pfanne mit Sesamöl ca. 3 Minuten anbraten. Die Marinade darübergeben und die Garnelenmischung auf dem Salat anrichten. Mit Sesamsamen und Frühlingszwiebeln garnieren.

Hakka-Bowl

Man könnte darüber streiten, ob es sich hier um einen Salat handelt, aber weil die Bowl jede Menge knackiger Gemüse enthält, behaupten wir das einfach. Die Zubereitung ist unglaublich leicht und sie schmeckt einfach richtig gut, sodass es sie bei mir zu Hause häufig gibt. Die Farce können Sie nach Lust und Laune variieren, sie funktioniert mit Rind und Geflügel oder als vegetarische Version. Wenn Sie keine Zeit für eigene eingelegte Chili haben, sind Jalapeñostreifen die Rettung. Man findet sie in der Texmex-Abteilung.

4 Portionen

400 g Weizen- oder Reisnudeln
½ Gurke
100 g Lauchzwiebeln
1 Kopf Herzsalat
10 cm Rettich
1 große Möhre
3 Knoblauchzehen

500 g Rinder-, Geflügel- oder pflanzliche Farce
2 EL Fischsoße

1 EL japanische Sojasoße
2 TL Feinzucker

eingelegte Jalapeñostreifen (oder eingelegte Chilis, S. 170)
frischer Koriander
geröstete Zwiebeln und gehackte Erdnüsse

Sesamöl zum Braten

1. Wasser für die Nudeln aufsetzen.
2. Gurke in dünne Scheiben schneiden, die Lauchzwiebeln in Ringe.
3. Salatblätter lösen. Rettich und Möhre schälen, dann zu Spiralen schneiden. Alles zusammen in eiskaltes Wasser legen.
4. Nudeln nach Packungsanweisung kochen.
5. Knoblauch schälen und fein hacken. In etwas Sesamöl anbraten. Die Farce hinzufügen und durchbraten lassen. Fischsoße, Sojasoße, Zucker und gut 100 ml Wasser hinzufügen. Alles etwas einkochen lassen – aber nicht zu viel, das wird nämlich Ihr Dressing.
6. Gemüse und Salat abtrocknen oder schleudern. Die Salatblätter auf Schalen verteilen. Die Nudeln und die Farce mit Soße daraufgeben und mit den knackigen Gemüsen, Jalapeño, Koriander, gerösteten Zwiebeln und Erdnüssen toppen.

Ungerollte Frühlingsrollen mit Zitronengrashühnchen

Das Rollen von Frühlingsrollen kann eine echte Aufgabe sein. Hier kommt eine pfiffige Alternative: Sie frittieren Reispapier zu knusprigen Schälchen und toppen diese mit allem, was in Frühlingsrollen gehört. Wenn Sie das Gericht vegan zubereiten möchten, tauschen Sie die Fischsoße gegen weißes Miso und marinieren festen Tofu statt des Hühnchens. Ich wende den Tofu vor dem Frittieren in Maisstärke. Für Pescetarier empfehle ich Garnelen.

4 Portionen

500 g Hähnchenschenkel, ohne Knochen, gern mit Haut
200 g dünne Reisnudeln oder Glasnudeln
1–2 Köpfe Herzsalat
400 g knackige Gemüse, z. B. Möhren, Erbsen, Paprika, Rettich, Radieschen, Gurke
3 Bund Kräuter, z. B. Minze, Koriander und Thaibasilikum
75 g geröstete Erdnüsse
16 St. Reispapier für Frühlingsrollen, ca. 12 cm Durchmesser
Salz und schwarzer Pfeffer
neutrales Öl zum Braten und Frittieren

Marinade
3 Stängel Zitronengras
2 Knoblauchzehen
2 EL Fischsoße
2 EL Palm- oder Feinzucker
2 TL Sesamöl

1. Beginnen Sie mit der Marinade. Die äußeren Blätter des Zitronengrases entfernen. Wurzel entfernen, das Gras mit dem Messergriff klopfen und dann das Gras fein hacken (man muss ein bisschen Gewalt ausüben, damit sich das Aroma entfaltet). Knoblauch schälen und fein hacken. Mit Fischsoße, Zucker und Sesamöl vermischen.

2. Die Marinade über das Hühnchen geben. Ca. 30 Minuten oder bis zu 24 Stunden marinieren lassen.

3. Für das Dressing 100 ml Wasser mit Zucker in einem Topf aufkochen lassen (siehe Seite gegenüber). Ca. 5 Minuten kochen lassen, bis der Sirup leicht dickflüssig wird. Abkühlen lassen und die restlichen Zutaten einrühren.

4. Die Nudeln laut Packungsanweisung al dente kochen. Wasser abgießen und kalt abspülen. Die Nudeln nach dem Abkühlen kleiner schneiden, damit sie leichter zu essen sind.

Nuoc-Cham-Dressing

- 3 EL Palm- oder Feinzucker
- 1 Bird's-Eye-Chili oder eine mildere Sorte, fein gehackt evtl. ohne Kerne
- 2 Knoblauchzehen, fein gehackt
- 3 EL Fischsoße
- 4 EL Reisweinessig oder Limettensaft

5. Salatblätter lösen und in eiskaltes Wasser legen. Gemüse in kleinere Stücke schneiden.

6. Alle Kräuter entstielen und die Erdnüsse grob hacken.

7. Das Reispapier in einer Pfanne in reichlich neutralem Öl frittieren. Auf Küchenpapier abtropfen lassen.

8. Das Hühnchen mit Küchenpapier abtupfen und in etwas Öl gar braten, alternativ für 8 – 10 Minuten grillen.

9. Die Nudeln mit der Hälfte des Dressings vermengen. Die Gemüse unterheben.

10. Den Salat abtrocknen oder schleudern. Lassen Sie Ihre Gäste die Reispapierschalen selbst mit Salat, der Nudelmischung, Hühnchen, Nüssen und Kräutern wie Tacos füllen oder richten Sie alles als Salat an. Mit der restlichen Soße servieren.

HEY!

Sushi-Salat mit Lachs, Körnerreis und Miso-Mayonnaise

Salat, der wie Sushi schmeckt. Klingt das nicht mega? Bei meiner Variante wird eingelegter Ingwer gegen Gurke ausgetauscht, Sie können den Ingwer aber auch als Zutat verwenden und dazu Avocado, wenn Sie es ein bisschen luxuriöser mögen. Leisten Sie sich gern ein richtig gutes Stück Lachs, zum Beispiel Salma oder Frøya, von dem Sie lieber weniger nehmen. Gebratener, marinierter Tofu ist eine gute Alternative für Vegetarier. Wenn Sie den Salat aufwerten möchten, können Sie Rohreis statt weißen Reis nehmen und wenn es scharf sein soll, kann die Mayonnaise mit etwas Sriracha-Soße gewürzt werden.

4 Portionen

90 g Reis nach Geschmack, z. B. Sushi-, Vollkorn- oder Basmatireis
1–2 Köpfe Herzsalat
1 Gurke
3 EL Reisweinessig
1 ½ EL Feinzucker
70 g Körner, z. B. Sesam-, Kürbis und Sonnenblumenkörner
400 g frischer Sushi-Lachs (oder Thunfisch)
225 g Sojabohnen, abgetropft
Schnittlauch oder Lauchzwiebeln, gehackt
Salz

Miso-Mayonnaise

1 TL Sesamöl
1 ½ EL weißes Miso
150 ml Mayonnaise

1. Den Reis laut Packungsanweisung kochen.

2. Salatblätter lösen und in eiskaltes Wasser legen. Die Gurke in dünne Scheiben schneiden und mit Essig, Zucker und etwas Salz vermengen.

3. Die Körner in einer Pfanne trocken rösten.

4. Die Zutaten zur Miso-Mayonnaise mischen.

5. Den Lachs dünn schneiden. Wenn Sie keinen rohen Lachs mögen, können Sie Lachsstücke leicht in Öl anbraten.

6. Den Salat abtrocknen oder schleudern.

7. Reis und Kröner mischen und zusammen mit Salat, Lachs, Gurke und Sojabohnen in eine große Schüssel oder in Bowls geben. Mit Schnittlauch oder Lauchzwiebeln toppen, dazu Miso-Mayonnaise servieren.

KNA

Regenbogen-Bowl mit Garnelen und Kokosdressing

Ein üppiger, farbenfroher Salat mit Gemüsen in Regenbogenfarben. Nehmen Sie gern knackige Sorten, die Sie vorher kurz in eiskaltes Wasser legen, um sie noch knackiger zu machen. Das Dressing wird fix im Mixer zubereitet, das Pulen der Garnelen braucht jedoch ein bisschen Zeit. Wenn Sie es scharf mögen, können Sie Chili ins Dressing geben oder als Topping verwenden.

4 Portionen

85 g Reis, gern schwarzer Rohreis
1 kg ungepulte Garnelen (oder ca. 350 g gepult)
1–2 knackige Salatköpfe, z. B. Herzen, Römersalat oder Frisée
600 g knackige, bunte Gemüse, z. B. Rotkohl, Chioggia-Rüben, Möhren, Rettich, Paprika, Radieschen, Gurke
1 roter Chili
frischer Koriander und Furikake oder geröstete Sesamsamen

Kokosdressing mit Avocado und Ingwer

1 Avocado, ausgehöhlt
1 kleine Dose Kokosmilch, ca. 165 ml, oder Kokoswasser
Saft von 1 Limette
2 TL Fischsoße
1 EL frischer Ingwer, fein gerieben
1 ½ Bund Koriander
1 kleine Knoblauchzehe, fein gehackt
Salz und Zucker

1. Den Reis laut Packungsanweisung kochen. Abkühlen lassen.

2. Eventuell Garnelen pulen.

3. Salatblätter lösen und in eiskaltes Wasser legen. Die Gemüse in kleinere Stücke teilen oder mit dem Spiralschneider zu Spiralen formen, dann in Wasser legen. Die Chilikerne entfernen, wenn Sie es milder mögen, die Schoten in feine Streifen schneiden.

4. Die Zutaten zum Dressing mixen. Mit einer Prise Salz und Zucker abschmecken.

5. Den Salat abtrocknen oder schleudern. Reis, Salat und Gemüse arrangieren. Mit Garnelen, Chili, Korianderblättchen und Körnern toppen. Einen Klecks Dressing obenauf geben und das restliche Dressing separat servieren.

Zählen Sie Kalorien? Dann nehmen Sie Kokoswasser statt -milch

Tomatensalat Thai-Style mit Flanksteak

Ein Sommersalat, der ausgezeichnet zum Grillen im Freien passt oder um Grillreste vom Vortag zu verarbeiten. Gerösteter Reis ist in Thailand eine klassische Salatzutat, die aber durch geröstete Zwiebeln und gehackte Erdnüsse ersetzt werden kann. Oder Sie vermengen alles und erhalten eine richtig krosse Mischung. Ergänzen Sie das mit Herzsalatblättern, Gurke und Nudeln, um einen richtigen Sattmacher zu kreieren.

4 Portionen

800 g Flanksteak
3 Stängel Zitronengras
1 TL Ancho Chili
2 TL schwarzer Pfeffer, grob gemahlen
1 TL Salz
1 TL Feinzucker
1 EL Fischsoße
evtl. Öl zum Braten

Prik-Nam-Pla-Dressing

1–2 kleine Bird's-Eye-Chili
2 Knoblauchzehen
2 TL Palm- oder Feinzucker
2 EL Fischsoße
2 EL neutrales Rapsöl
3 EL Limettensaft

Tomatensalat

600 g Tomaten
3 Schalotten
3 Bund frische Kräuter, z. B. Thai-Basilikum, Koriander, Minze
Salz und schwarzer Pfeffer

Topping

4 EL gerösteter Reis (S. 59) oder gehackte Erdnüsse
4 EL geröstete Zwiebeln

1. Die äußeren Blätter des Zitronengrases entfernen. Die Stängel mit dem Messergriff klopfen und sie dann fein hacken. Mit Gewürzen, Salz, Zucker und Fischsoße vermengen und in das Fleisch einklopfen. Mindestens 30 Minuten ziehen lassen, gern aber länger (bis zu 24 Stunden).

2. Chili für das Dressing entkernen, wenn Sie es nicht zu scharf mögen, und den Knoblauch fein hacken. Mit den übrigen Zutaten mischen. Rühren, bis sich der Zucker aufgelöst hat.

3. Tomaten halbieren oder in Würfel schneiden. Schalotten schälen und fein hacken. Alles vermengen und Dressing darübergeben. Mit Salz und Pfeffer würzen.

4. Das Fleisch in etwas Öl anbraten oder ca. 10 Minuten grillen. Mindestens genauso lange ruhen lassen. In dünne Scheiben schneiden.

5. Die Kräuter hacken und unter den Tomatensalat heben. Mit geröstetem Reis bzw. gerösteten Zwiebeln und gehackten Erdnüssen toppen.

Für die vegane Variante Tofu marinieren und braten, außerdem japanische Sojasoße statt Fischsoße für das Dressing verwenden.

Nuggets mit Erdnusssoße in Salatschiffchen

Leckeres Gericht, das bei Erwachsenen und Kindern gleichermaßen beliebt ist. Ich serviere es als Tacos, aber man kann natürlich alles auch zu einem normalen Salat mischen. Eisbergsalatschiffchen bieten mehr Platz als die aus Herzsalatblättchen, es kann aber schwieriger sein, schöne Blätter vom Kopf zu trennen, wenn er sehr fest ist. Fleischliebhaber nehmen Hühnchen statt Fisch. Und für Veganer ist marinierter Tofu und weißes Miso in der Erdnusssoße statt Fischsoße eine Alternative.

4 Portionen

1 Gurke
1 unreife Mango
100 g Lauchzwiebeln
75 g geröstete Erdnüsse
1 Kopf Eisbergsalat oder
2 Köpfe Herzsalat
200 g Eiernudeln
frischer Koriander und
Limettenspalten
Salz und schwarzer Pfeffer

Erdnusssoße
2 TL Feinzucker
1 EL Limettensaft
2 EL Fischsoße
1–2 EL rote Currypaste
150 ml Kokosmilch
75 g Erdnussbutter

Nuggets
400 g Fisch- oder
Fleischfilet
60 g Weizenmehl
2 Eier
180 g Panko
neutrales Rapsöl zum
Frittieren

1. Die Zutaten für die Erdnusssoße vermengen.

2. Die Gurke in Würfel schneiden, das Mangofleisch in dünne Scheiben und die Frühlingszwiebel in Ringe. Die Erdnüsse grob hacken. Die Salatblätter lösen und in eiskaltes Wasser legen.

3. Nudeln nach Packungsanweisung kochen.

4. Das Filet für die Nuggets in kleinere Stücke schneiden. Salzen und pfeffern, dann die Stücke in Mehl, danach im geschlagenen Ei und zuletzt in Panko wälzen. Für 5–7 Minuten in einer großen Pfanne mit viel Öl frittieren.

5. Die Salatblätter abtrocknen oder schleudern.

6. Die Schiffchen mit Nudeln, Gemüse, Mango, Nuggets und Erdnusssoße füllen. Mit Korianderblättchen und Erdnüssen toppen. Mit Limettenspalten servieren.

Sobanudeln mit Miso-Dressing

Diesen Nudelsalat mit Pilzen könnte man auch als weltbesten Lunchbox-Salat bezeichnen, weil er auch am nächsten Tag noch vorzüglich schmeckt. Ich esse ihn lauwarm oder kalt und ergänze ihn mit etwas Sättigendem wie gekochtem Ei, Tofu, Fetakäse oder frischen Sojabohnen. Gebratenes Hühnchen, Rindfleisch oder Lachs passen auch ausgezeichnet, wenn der Salat nicht vegetarisch sein soll. Das Dressing ist eine perfekte Mischung aus süß, säuerlich und umami, es passt richtig gut zu allen möglichen Asia-Salaten.

4 Portionen

200 g Sobanudeln
125 g Lauchzwiebeln
1 grüne Paprika
ca. 400 g Pilze, z. B. Shiitake, Shimeji, Champignons, Austernseitling
2 Knoblauchzehen
75 g geröstete Erdnüsse
1 EL japanische Sojasoße
100 g Babyspinat
1 Bund Koriander
Sesamöl
Salz und schwarzer Pfeffer

Miso-Dressing

1 roter Chili, entkernt und fein gehackt
1 EL frischer Ingwer, fein gerieben
2 TL Sesamöl
1 EL Ahornsirup
2 EL weißes Miso
2 EL Reisweinessig
2 EL Olivenöl

1. Die Zutaten für das Dressing mischen. Mit Wasser verdünnen, falls die Konsistenz zu dick ist.

2. Die Nudeln laut Packungsanweisung in Salzwasser kochen. Kalt abspülen.

3. Die Lauchzwiebeln hacken und die Paprika würfeln. Pilze putzen und in Scheiben schneiden, wenn sie sehr groß sind. Knoblauch schälen und fein hacken. Die Erdnüsse grob hacken.

4. Pilze in einer Pfanne trocken rösten, bis die Flüssigkeit verdampft ist. Etwas Sesamöl hinzufügen, die Temperatur erhöhen und braten, bis die Pilze eine schöne Farbe zeigen. Zum Schluss den Knoblauch dazugeben und weich braten. Mit Sojasoße, Salz und Pfeffer abschmecken.

5. Die Nudeln mit Lauchzwiebeln, Paprika, Spinat, Pilzen und Dressing vermengen. Mit Erdnüssen und Korianderblättchen toppen.

Miso-gegrillte Aubergine mit Kimchi-Mayonnaise

Nasu Dengaku ist ein wunderbares Auberginengericht aus Japan, das ich mit gebratenem Spinat, knackiger Gurke und scharfer Mayo „salatiert" habe. Es ist kein leichter Sommersalat, sondern ein Gericht, das richtig gut sättigt und durch das Geschmackserlebnis einfach zufrieden macht. Wenn Sie kein Kimchi haben oder es schnell gehen soll, können Sie natürlich fertige Sriracha-Mayonnaise kaufen.

4 Portionen

200 g Reis, z. B. Vollkorn-, Roh- oder Basmatireis
4 kleine Auberginen, je ca. 325 g
1 Gurke
2 Lauchzwiebeln
1 roter Chili
1 Knoblauchzehe
200 g Spinat
Furikake oder geröstete Sesamsamen
neutrales Rapsöl zum Braten
Salz und schwarzer Pfeffer

Marinade

3 EL weißes Miso
2 EL Mirin
1 EL Feinzucker
1 EL Sake (japanischer Reiswein) oder Wasser

Kimchi-Mayonnaise

60 g Kimchi, gehackt
150 ml Veganaise (vegane Mayonnaise, S. 160)
Salz und schwarzer Pfeffer

1. Den Reis laut Packungsanweisung kochen.

2. Backofen auf 225 °C mit Grill vorheizen.

3. Die Auberginen der Länge nach halbieren. Das Fleisch kreuzweise einritzen, aber nicht bis zur Schale hinunter. Mit der Fleischseite nach unten bei starker Hitze in etwas Öl in einer Pfanne braun anbraten. Wenden, 2 EL Wasser angießen und Deckel auflegen. Noch einige Minuten weiter braten, bis die Auberginen weich sind.

4. Miso, Mirin, Zucker und Sake oder Wasser mischen. Die Auberginen mit der Fleischseite nach oben auf ein Blech mit Backpapier legen, dann mit der Marinade bepinseln. Ungefähr 10–15 Minuten grillen, bis die Auberginen gar sind, eine schöne Farbe haben und noch weicher sind.

5. Die Zutaten zur Mayonnaise vermischen. Mit Salz und Pfeffer würzen.

6. Die Gurke in hauchdünne Scheiben schneiden. Die Lauchzwiebeln in Ringe schneiden, Chili entkernen und in Scheiben schneiden.

7. Den Knoblauch schälen und fein hacken. Dann mit dem Spinat in wenig Öl in einer Pfanne braten.

8. Reis und Spinat vermengen. Die Auberginen auf eine Platte legen, darauf den Spinatreis, Gurke, Lauchzwiebelringe, Chili und Furikake geben. Mit Kimchi-Mayonnaise servieren.

KNUSPRIG UND SÄTTIGENDE

ES BROT

KARTOFFELN

Üppige Salate
mit sättigenden Kohlenhydraten

Lauwarme Zitronen-kartoffeln mit Tsatsiki

Warm oder kalt, das ist egal, ich lande normalerweise irgendwo in der Mitte und serviere das Gericht lauwarm. Die Kartoffeln in diesem Rezept haben ein deutliches Zitronenaroma und sind herrlich knusprig, in der Mitte aber wunderbar weich. Mit Hummus und Brot wird der Salat zum ausgezeichneten leichten Mittagsgericht, aber ich gebe oft auch Halloumi, Fetakäse oder weiße Bohnen dazu. Alles Gegrillte, zum Beispiel Lachs, Hühnchen oder Fleisch, außerdem Gemüse wie Spargel oder Champignons harmonieren auch wunderbar.

4–6 Portionen

1 kg festkochende Kartoffeln
2 Knoblauchzehen
1 EL konzentrierter Geflügel- oder Gemüsefond
100 ml Olivenöl
Saft und fein geriebene Schale von 1 ½ Zitronen
1 EL Oregano
1 EL Rosmarin
150 g knackiger Salat, z. B. SalatRico, Frillice oder Herzsalat
1 rote Zwiebel
1 Handvoll frische Kräuter, z. B. Dill, Petersilie, Minze und Basilikum
Salz und schwarzer Pfeffer

Tsatsiki
½ Gurke
1–2 Knoblauchzehen
300 g Joghurt, 10 %
1 EL Olivenöl
Salz

1. Backofen auf 200 °C vorheizen.

2. Kartoffeln waschen und in Spalten schneiden. Auf ein tiefes Blech oder in eine Backofenform legen. Knoblauch schälen und in Scheibchen schneiden. Mit Fond, Öl, Zitronensaft, Oregano, Rosmarin und 100 ml Wasser vermengen. Alles über die Kartoffeln geben. Umrühren und mit Salz und Pfeffer abschmecken. Im Backofen ca. 40 Minuten garen. Nach 20 Minuten einmal wenden. Hitze erhöhen und weitere 5 Minuten braten, wenn die Kartoffeln noch hell sind.

3. Salatblätter lösen und in eiskaltes Wasser legen. Rote Zwiebel schälen und in dünne Scheiben schneiden.

4. Gurke für das Tsatsiki grob reiben, Knoblauch schälen und fein reiben. Einen Großteil der Flüssigkeit aus der geriebenen Gurke pressen, dann mit Joghurt, Knoblauch und Öl vermischen. Salzen.

5. Den Salat abtrocknen oder schleudern.

6. Die Kartoffeln mit Salat, roter Zwiebel, Kräutern und Zitronenschale toppen. Mit Tsatsiki und Beilagen nach Wahl servieren.

Orangen und Grapefruit an Fenchel und gerösteten Croûtons

Dieser elegante Salat passt eher zu einem romantischen Essen für zwei oder als Vorspeise für vier Erwachsene als zu einem Familienessen. Die Komponistin in mir jubelt über die feine Kombination aus bitteren Blättchen, frischem Zitrus, knackigem Fenchel, buttrigen und nussigen Croûtons sowie schmelzigem Käse. Burrata ist cremig und edel, kann aber gegen Mozzarella ausgetauscht oder auch ganz weggelassen werden. Die Croûtons sind es wert, selbst zubereitet zu werden, und ich muss mich fast entschuldigen, dass bei ihnen hohe Suchtgefahr besteht!

4 Portionen

- 2 Scheiben helles Sauerteigbrot
- 1 Knoblauchzehe, fein gehackt
- 50 g Butter
- 1 Knolle Fenchel, ca. 250 g
- 150 g Salatblätter, gern leicht bitter wie Castelfranco, Radicchio oder Frisée
- 1 Blutgrapefruit
- 1 Orange
- 1–2 Burrata, je 125 g (oder Mozzarella)
- Olivenöl
- Salz und schwarzer Pfeffer

1. Backofen auf 200 °C vorheizen.

2. Das Brot in kleine Würfel schneiden. Die Butter in einer Pfanne bräunen, bis sie nussig duftet und hellbraun wird. Brot und Knoblauch hinzufügen, alles unter Rühren kurz anbraten. Die Croûtons auf ein Backblech mit Backpapier legen, salzen und in den Ofen schieben. Ungefähr 10 Minuten rösten, bis sie eine schöne Farbe zeigen. Man kann sie auch in der Pfanne fertig rösten, so werden sie jedoch knuspriger. Und während sie im Ofen sind, können Sie den restlichen Salat zubereiten.

3. Den Fenchel in feine Streifen schneiden. Die Blättchen entfernen und zusammen mit dem Fenchel in eiskaltes Wasser legen.

4. Die Schale von Grapefruit und Orange entfernen, das Fruchtfleisch in Würfel schneiden.

5. Die Salatblätter und den Fenchel abtrocknen oder schleudern. Zusammen mit den Zitrusfrüchten auf einem Teller anrichten. Den Käse in Stücke brechen und obenauf geben. Mit Croûtons toppen und Olivenöl darüberringeln. Mit Salz und Pfeffer würzen.

Zucchini mit Parmesan und Zitronen-Sriracha-Dressing

Es gibt unendlich viele Möglichkeiten. Nehmen Sie Mozzarella oder Burrata dazu oder tauschen Sie den Parmesan gegen Fetakäse. Verwenden Sie mehr Grünzeug wie süße Kirschtomaten, Pfirsiche, Mango oder knackigen Spitzkohl in feinen Streifen. Braten Sie etwas Hühnchen oder servieren Sie den Salat zum Grillen oder zur Pasta. Die Zucchini kann in dünne Scheiben oder zu „Nudeln", Zoodles, geschnitten werden, wenn sie eine Reibe oder einen Spiralschneider besitzen. Verarbeiten Sie lieber kleine Zucchini, sie enthalten weniger Wasser. Das macht den Salat knackiger.

4 Portionen

3 Scheiben helles Sauerteigbrot
1 Knoblauchzehe
900 g Zucchini, gern kleine Früchte
1 rote Zwiebel
100 g Parmesan
80 g Rucola
Olivenöl
Salz und schwarzer Pfeffer

Zitronen-Sriracha-Dressing
1 Knoblauchzehe, fein gehackt
2 TL Srirachasoße
2 TL Ahornsirup
Saft von 1 Zitrone
1 EL japanische Sojasoße
4 EL Olivenöl
Salz und schwarzer Pfeffer

1. Das Brot in ganz dünne Scheiben schneiden (am besten leicht trockenes Brot verwenden) oder in Stücke brechen. Knoblauch schälen und fein reiben. Das Brot in etwas Öl mit Knoblauch wenden, dann in einer Pfanne knusprig rösten.

2. Die Zutaten zum Dressing in einer Schüssel verschlagen oder in einem Mixbecher mit Deckel mixen. Mit Salz und Pfeffer würzen.

3. Die Zucchini dünn schneiden, am besten mit einer Reibe. Die rote Zwiebel schälen und in dünne Scheiben schneiden. Mit etwas Zitronensaft einreiben, wenn ihr Aroma zu kräftig ist. Den Käse fein reiben.

4. Zucchini, Zwiebel und Rucola mit dem Dressing vermengen. Mit Brot und Käse toppen, mit Salz und Pfeffer würzen. Sie können auch Brot dazu servieren.

Cremiger Kartoffelsalat mit Kräuterjoghurt

Ich bin kein Fan von mayonnaiseschweren Kartoffelsalaten. Ich mag Varianten mit Vinaigrette lieber, trotzdem aber liebe ich diesen frischen Kartoffelsalat mit Kräutern und Joghurt, der mit etwas Senf und salzigen Sardellen verfeinert wird. Dazu serviere ich gern heiß geräucherten Lachs, er passt aber auch ausgezeichnet zu Grillfleisch, Roastbeefscheiben oder gegrilltem Gemüse.

4 Portionen

800 g Kartoffeln, z. B. La Ratte oder Amandine
1–2 Köpfe Herzsalat
10 Radieschen
1 Knolle Fenchel, ca. 250 g
Saft und fein geriebene Schale von 1 Zitrone
1 EL Olivenöl
geröstete Kürbiskerne, geröstete Zwiebeln, Fenchelgrün oder Dill

Kräuterjoghurt
2 EL Dijonsenf
2 Sardellenfilets
2 Handvoll frische Kräuter, z. B. Estragon, glatte Petersilie, Basilikum, Dill
75 ml Mayonnaise
200 g Joghurt, 10 %
Salz und schwarzer Pfeffer

1. Kartoffeln waschen und in Salzwasser kochen. Das Wasser abgießen und die Kartoffeln nach dem Abkühlen in kleinere Stücke schneiden.

2. Salatblätter lösen. Die Radieschen in dünne Scheiben schneiden, gern mit der Reibe, und zusammen mit dem Salat in eiskaltes Wasser legen. Den Fenchel in feine Streifen schneiden, das Grün zur Seite legen. Die Streifen mit Zitronensaft und Öl einreiben.

3. Senf, Sardellen und Kräuter in einer Küchenmaschine oder einem Mixer mixen. Die Mayonnaise hinzufügen und alles zu einer grünen Soße mixen. Den Joghurt unterrühren, dann mit Salz und Pfeffer abschmecken.

4. Den Fenchel und die Kartoffeln mit dem Kräuterjoghurt vermengen.

5. Salatblätter und Radieschen abtrocknen oder schleudern.

6. Die Kartoffelmischung, Salat und Radieschen auf einem Teller anrichten. Mit Zitronenschale, Kürbiskernen, gerösteten Zwiebeln und Fenchelgrün garnieren. Mit Lachs oder anderen Beilagen servieren.

Radieschen werden besonders knackig, wenn sie in eiskaltem Wasser baden dürfen. Sie sind mit 10 Minuten zufrieden, werden aber besonders gut, wenn sie etwas länger im Wasser im Kühlschrank liegen. Dann bleiben sie 2–3 Tage schön.

MADE IN ITALY

Kartoffelsalat mit Mais, Chili und Zwiebeln

Frischer Mais ist eine großartige Persönlichkeit mit vielen Fans. Er liebt die Gesellschaft von Mayonnaise und Käse, Butter, Estragon, Chili, Zitrone und geräucherten Zutaten. Warum also die leckeren Körner nicht in einem herrlichen Kartoffelsalat zusammen mit ein paar Kollegen verarbeiten? Der Salat sättigt und kann gut mit proteinreichen Zutaten ergänzt werden. Dazu zählen gekochte Eier, Thunfisch, heißgeräucherter Lachs, Bacon oder Kichererbsen. Wenn der Grill angeworfen wird, sind Grillfleisch, Bratwurst oder Halloumi gute Alternativen.

4–6 Portionen

800 g Kartoffeln
200 g Lauchzwiebeln
2 Knoblauchzehen
1–2 grüne Chili
2 frische Maiskolben oder 500 g Maiskörner
100 g Mischsalat, gern mit Rucola
50 g Parmesan, fein gerieben
Butter, Salz und schwarzer Pfeffer
100 ml Aioli (S. 161 oder fertig gekauft)

Zitronen-Estragon-Dressing
Saft von 1 Zitrone
1 TL Dijonsenf
1 EL Estragonblätter in Essig (im Glas erhältlich)
4 EL Olivenöl
Salz, schwarzer Pfeffer und Feinzucker

1. Kartoffeln waschen und in Salzwasser kochen. Das Wasser abgießen und die Kartoffeln in kleinere Stücke schneiden, wenn sie leicht abgekühlt sind.

2. Die Zutaten zum Dressing in einer Schüssel verschlagen oder in einem Mixbecher mit Deckel mixen. Salzen, pfeffern und mit einer Prise Zucker würzen. Das Dressing über die warmen Kartoffeln geben, damit sie gut durchziehen können.

3. Die Lauchzwiebeln in Streifen schneiden. Knoblauch schälen und fein hacken. Chili entkernen und fein hacken.

4. Die Maiskörner von den Kolben schneiden. Sie können die Kolben auch erst auf den Grill legen, damit sie eine schöne Farbe bekommen, das ist aber nur ein Bonus. Ansonsten geben Sie die Körner in eine Pfanne ohne Fett. Ca. 5 Minuten anbraten, bis sie schön Farbe zeigen. Dann etwas Butter, Knoblauch und Chili hinzufügen, Temperatur reduzieren. Weitere 5–10 Minuten braten, bis Knoblauch und Chili weich sind. Die Lauchzwiebel darunterheben, dann alles salzen und pfeffern.

5. Kartoffeln und Mais vermengen. Mit Salat und geriebenem Käse garnieren. Mit Aioli servieren.

Melone mit Fetakäse und Croûtons

Ich glaube, es gibt keinen perfekteren Sommersalat. Einfach nur Zitrone darüberträufeln und genießen! Am besten schmeckt der Salat, wenn die Melone richtig kalt ist. Ich genieße ihn als leichte Mittagsmahlzeit oder als Beilage zu Gegrilltem. Wenn er sättigender werden soll, können Sie knackige Körner und eine cremige Avocado hinzufügen.

4 Portionen

- 3 Scheiben helles Sauerteigbrot
- 1–2 Köpfe Herzsalat
- 1 kg Wassermelone
- 1 Gurke
- 65 g Pistazien, geschält
- 150 g Fetakäse
- fein geriebene Schale und Saft von 1 Zitrone
- 1 Bund Minze
- ca. 2 EL Olivenöl
- evtl. 1 roter oder grüner Chili, fein gehackt
- Salz und schwarzer Pfeffer

1. Backofen auf 200 °C vorheizen.
2. Brot in Stücke schneiden oder brechen. Die Stücke in etwas Olivenöl wälzen, dann auf ein Backblech mit Backpapier legen und im Ofen ca. 12 Minuten rösten, bis sie eine schöne Farbe zeigen und knusprig sind.
3. Salatblätter lösen und in eiskaltes Wasser legen.
4. Die Melone schälen und die Kerne entfernen. Das Fruchtfleisch in Würfel schneiden. Gurke schälen und in Stücke schneiden.
5. Pistazien grob hacken.
6. Den Salat abtrocknen oder schleudern.
7. Melone, Gurke, Salat und Croûtons in eine Schüssel geben. Fetakäse darüberkrümeln, mit Nüssen, Zitronenschale und Kräutern bestreuen. Zitronensaft und Öl darüberringeln, mit Minzeblättchen garnieren. Mit Salz und Pfeffer würzen. Nach Geschmack mit fein gehacktem Chili bestreuen.

Spargel mit Erbsen, Garnelen und geschlagenem Zitronenricotta

Diesen Salat können Sie das ganze Jahr über zubereiten. Besonders gut passt er jedoch zur Spargelzeit, wenn anderes Gemüse im Geschäft noch rar ist. Wenn die Spargelsaison vorbei ist, können Sie stattdessen Brokkoli, Kohlrabi oder Fenchel verarbeiten. Geschlagener Ricotta ist übrigens eine richtig fluffige Sache, die ich auch gern für andere gute Dinge wie Tomaten mit Balsamicoessig und Parmesan oder dünne Scheiben Fenchel, Chili und Pecorino verwende.

4 Portionen

1 kg ungepulte Garnelen oder ca. 350 g gepult
180 g tiefgefrorene Erbsen
500 g grüner Spargel
1 Knoblauchzehe, fein gehackt
150 g Erbsensprossen
1 Bund Minze
65 g Pistazien oder Pinienkerne, geröstet
Butter, Salz und schwarzer Pfeffer

Geröstete Brotscheiben
3 Scheiben helles Sauerteigbrot
1 EL Olivenöl
1 Knoblauchzehe, fein gerieben

Zitronenricotta
Schale von 1 Zitrone, fein gerieben
1 EL Olivenöl
150 g Fetakäse
250 g Ricotta
Salz und schwarzer Pfeffer

Zitronenöl
Saft von 1 Zitrone
3 EL Olivenöl
Salz und schwarzer Pfeffer

1. Die Garnelen pulen, falls nötig. Die Erbsen auftauen.

2. Das Brot dünn schneiden oder in Stücke brechen. Das Brot in Öl und Knoblauch wenden, dann in einer Pfanne knusprig rösten.

3. Die Zutaten mit dem Mixer oder in der Küchenmaschine zum Zitronenricotta verschlagen. Mit Salz und Pfeffer würzen.

4. Das harte untere Ende des Spargels abbrechen. Die Spargel in kleinere Stücke schneiden und mit dem Knoblauch in etwas Butter leicht anbraten. Die Erbsen hinzufügen, alles mit Salz und Pfeffer würzen.

5. Den Zitronenricotta auf Tellern anrichten. Mit Spargel, Erbsen, Erbsensprossen, Minzblättchen und Garnelen abrunden. Die Nüsse hacken und darüberstreuen.

6. Zitronensaft mit Öl vermischen und darübergießen. Mit Salz und Pfeffer würzen. Mit Brot servieren.

Kartoffelsalat mit Dill, Salzgurken und Dressing aus brauner Butter mit Kapern

Dieser Salat ist so gut, dass ich ihn ständig essen könnte, einfach mit gekochtem Ei als Beilage. Wenn Ihnen das aber ein bisschen zu wenig ist, passt er zu Gegrilltem wie Fisch oder Fleisch und auch Thunfisch aus der Dose ist eine Option. Der Salat ist leicht zuzubereiten, achten Sie jedoch darauf, dass alles ungefähr dieselbe (Zimmer-)Temperatur hat. Am besten schmeckt er direkt, nachdem die Butter hinzugefügt wurde. Vorsicht, wenn Sie ihn erst den Gästen servieren, besteht das Risiko, dass er weg ist, ehe Sie sich an den Tisch gesetzt haben.

4–6 Portionen

1 kg Kartoffeln, z. B. Amandine oder La Ratte
1–2 Salatköpfe, z. B. Cosmopolitan, Frillice oder Herzsalat
3 Schalotten
2 ganze Salzgurken
1 Handvoll Schnittlauch
1 Handvoll Dill

Vinaigrette mit brauner Butter und Kapern
100 g Butter
55 g Kapern
2 TL Dijonsenf
2 EL Sherry- oder Apfelcidreessig
3 EL Olivenöl
Salz und schwarzer Pfeffer

1. Kartoffeln waschen und in Salzwasser kochen. Das Wasser abgießen, Kartoffeln abkühlen lassen und in Würfel schneiden.

2. Salatblätter lösen und in eiskaltes Wasser legen.

3. Schalotten schälen und fein hacken. Salzgurken, Schnittlauch und Dill hacken.

4. Die Butter für die Vinaigrette in einem Topf bräunen, bis sie hellbraun ist und karamellig duftet (das macht sie tatsächlich). Die Kapern zum Schluss hinzugeben, sodass sie sich wie Blüten öffnen. Die Kapern herausnehmen und auf Küchenpapier legen, damit sie noch knuspriger werden. Butter in eine Schüssel geben.

5. Mit Senf, Essig und Öl verschlagen. Die gebräunte Butter, Salz und Pfeffer unterheben. Die Vinaigrette mit den noch warmen Kartoffeln vermischen. Kräuter, Zwiebel, Salzgurke und den Großteil der Kapern dazugeben.

6. Die Salatblätter abtrocknen oder schleudern. Mit dem Kartoffelsalat auf Tellern anrichten und den restlichen Kapern garnieren.

UMAMI

Fattoush mit brauner Butter und Tahini-Joghurt

Das ist meine leckere Variante von Fattoush, einem Brotsalat aus dem Mittleren Osten, mit brauner Kräuterbutter und Tahini-Joghurt. Die Säure der eingelegten Zutaten ist als Ausgleich für den Feta nötig, kann aber auch von Za'atar oder Zitronenspalten kommen. Und jedes Mal, wenn ich Silberzwiebeln verarbeite, denke ich, dass ich das häufiger machen sollte. So himmlisch mild und wunderbar roh essbar. Der Salat sättigt gut, aber wenn Sie mögen, können Sie auch gebratenen Halloumi, Hühnchen oder Lammfrikadellen hinzufügen.

4 Portionen

2 große Pitabrote
1 Dose Kichererbsen, ca. 400 g
2 Knoblauchzehen
50 g Butter
½ TL gemahlener Kreuzkümmel
½ TL gemahlener Ancho-Chili
½ TL Paprikapulver
Pickles, z. B. Peperoni
Za'atar (S. 170) oder Zitronenspalten
Olivenöl

Tahini-Joghurt

300 g Joghurt, 10 %
3 EL helles Tahini
1 TL Honig
Salz und schwarzer Pfeffer

Gurkensalat

1 Gurke
1 Silberzwiebel
glatte Petersilie und Minze
Saft und fein geriebene Schale von ½ Zitrone
2 EL Olivenöl
Salz und schwarzer Pfeffer

1. Backofen auf 225 °C vorheizen.

2. Joghurt, Tahini und Honig zu einer glatten Creme verschlagen. Mit Salz und Pfeffer abschmecken, dann kalt stellen.

3. Das Brot in Stücke brechen – je dünner, umso knuspriger werden sie. Auf ein Backblech geben, etwas Olivenöl darüberträufeln, vermengen und ca. 10 Minuten im Ofen rösten. Dabei einmal wenden.

4. Die Gurke in Stücke schneiden und leicht salzen. Die Silberzwiebel schälen und in dünne Scheiben schneiden. Gurke, Zwiebel und Kräuter vermengen. Zitronensaft, Zitronenschale und Olivenöl mischen. Salz und Pfeffer hinzufügen. Das Dressing direkt vor dem Servieren über die Gurkenmischung geben.

5. Das Wasser von den Kichererbsen abgießen. Die Knoblauchzehen schälen, dann in Scheiben schneiden oder pressen. In Butter bräunen, bis alles nussig duftet und hellbraun ist. Gewürze und Kichererbsen hinzufügen, alles erhitzen.

6. Brotstücke, Gurkensalat und Tahini-Joghurt auf einem Teller anrichten. Die Kichererbsen darübergeben und mit Pickles, Za'atar oder Zitronenspalten garnieren.

HEIß

UND LECKER

Gegrillte und gebratene Beilagen

Spargel mit Miso-Butter und Knoblauchpanko

Bei mir zu Hause ein Vorgericht, eine Beilage zum üppigen Essen am Freitagabend oder in der Grillsaison. So unfassbar gut, dass ich immer sage, es gibt ein Leben vor und nach der Erfindung der Miso-Butter. Miso-Butter wirkt einfach beruhigend und passt außer zu Spargel zu Pak Choi, Spargelbrokkoli, geröstetem Weißkohl oder Kartoffeln, gegrilltem Mais und zu Pasta, gegrilltem Lachs und gebratenem Hühnchen.

4 Portionen

500 g frischer grüner Spargel
1 Knoblauchzehe
60 g Panko
fein geriebene Schale von 1 Limette
frischer Koriander
Olivenöl

Miso-Butter

75 g Butter, zimmerwarm
2 EL weißes Miso
1 TL Limettensaft
Salz und schwarzer Pfeffer

1. Butter und Miso vermengen. Mit Limettensaft würzen, salzen und pfeffern.

2. Das harte untere Ende des Spargels abbrechen.

3. Knoblauch schälen und fein hacken. Dann mit dem Panko in einer Pfanne mit etwas Öl anschwitzen, bis das Panko etwas Farbe zeigt. Etwas abkühlen lassen und mit der Limettenschale vermengen.

4. Den Spargel bissfest grillen oder braten. Miso-Butterflocken daraufklicken. Das Panko darüberstreuen und mit Korianderblättern garnieren.

Übrig gebliebene Miso-Butter in den Kühlschrank stellen oder die Menge im Rezept halbieren, wenn Sie nicht so viel Butter mögen.

Brokkoli mit Knoblauch, Zitrone und Parmesan

Supereinfache Beilage, die ich oft zubereite, wenn es Nudeln zu Mittag gibt. Pinienkerne sind sehr teuer, deshalb nehme ich Haselnüsse oder feine spanische Mandeln aus Marcona, die ich preiswerter finde. Wenn es Ihr Portemonnaie jedoch erlaubt, kein Problem! In der Saison brate oder grille ich Spargel statt Brokkoli und im Winter backe ich gern Spitzkohlviertel im Ofen.

4 Portionen

500 g Brokkoli oder Spargelbrokkoli
50 g Haselnüsse oder Pinienkerne
2 Knoblauchzehen
Saft und fein geriebene Schale von 1 kleinen Zitrone
50 g Parmesan, fein gerieben
50 g Rucola
Olivenöl
Salz und schwarzer Pfeffer

1. Brokkoli in kleinere Stücke teilen, wenn Sie keinen Spargelbrokkoli verwenden.

2. Die Nüsse in der Pfanne trocken rösten. Herausnehmen und evtl. grob hacken. Die Knoblauchzehen schälen und zerdrücken.

3. Etwas Öl in eine Pfanne geben, Knoblauch und Brokkoli hinzufügen und einige Minuten anbraten, bis der Brokkoli Farbe zeigt, aber noch bissfest ist. Mit Salz und Pfeffer würzen.

4. Auf einen Teller geben, Zitronensaft und Öl darüberringeln. Mit Zitronenschale, Käse, Rucola und ein paar kräftigen Drehungen aus der Pfeffermühle toppen. Wenn Sie immer noch gemahlenen Pfeffer kaufen, sollten Sie damit aufhören!

Rosenkohl mit Chili-Mayonnaise und Dukkah

Zerkochter Rosenkohl treibt mir die Tränen in die Augen. Frittierter oder gebratener Rosenkohl erzeugt dagegen Glücksgefühle bei mir. Die ägyptische Gewürzmischung Dukkah gehört zu meinen Lieblingen, die ich oft verwende. Gut zu Rote Bete, Tomatensoßen, auf Avocado und in den meisten Salaten. Bei der Mayonnaise gilt das Motto, dass man nimmt, was man hat oder worauf man Appetit hat. Man kann sie mit Gochujangpaste, Kimchi, Harissa oder Srirachasoße würzen oder Trüffelöl oder Tahini hinzufügen, um ein ganz anderes, aber genauso gutes und passendes Aromaprofil zu kreieren.

4 Portionen

500 g Rosenkohl
50 g Parmesan
4 EL Dukkah (S. 170)
Olivenöl zum Braten oder neutrales Öl zum Frittieren
Meersalzflocken und schwarzer Pfeffer

Chili-Mayonaise

Saft und fein geriebene Schale von ½ Limette
1 EL Gochujangpaste
150 ml Mayonnaise
Salz und Feinzucker

1. Backofen auf 225 °C vorheizen.

2. Die Unterseite der Rosenkohlröschen abschneiden, lose Blättchen entfernen. Das untere Ende kreuzweise einschneiden. Blättchen und Rosenkohl auf ein Backblech legen und Olivenöl darüberträufeln. Mit Salz und Pfeffer würzen. Ca. 15 Minuten im Ofen rösten, bis der Rosenkohl eine schöne Farbe zeigt. Sie können ihn auch in neutralem Öl bei 180 °C frittieren.

3. Die Zutaten zur Mayonnaise vermischen.

4. Dukkah über den Rosenkohl streuen und Parmesan mit der feinen Seite der Reibe darüberreiben. Mit Mayonnaise servieren.

Pak Choi mit brauner Chili-Soja-Butter

Soja und braune Butter sind ein „match made in heaven“ in der Pfanne. Ich bereite diese Beilage zu, wenn ich etwas Asiatisches serviere, das nicht so würzig ist. Aber ein- oder zweimal habe ich sie einfach solo zu Mittag verspeist.

4 Portionen

500 g Pak Choi
1 EL neutrales Rapsöl
frischer Koriander
Furikake oder Sesamsamen

Braune Chili-Soja-Butter
75 g Butter
1 EL frischer Ingwer, fein gerieben
2 Knoblauchzehen, fein gehackt
1 roter Chili, fein gehackt, oder
2 TL Srirachasoße
1 EL japanische Sojasoße

1. Die Butter in einer Pfanne bräunen, bis sie nicht mehr „brutzelt“. Ingwer, Knoblauch und Chili hinzufügen und unter Rühren weiter anbräunen, bis die Butter nussig duftet und hellbraun ist.
   Sojasoße hinzufügen und alles in eine Schüssel füllen.

2. Pak Choi teilen, wenn er groß ist. Ein paar Minuten in einer Pfanne anbraten, bis er eine schöne Farbe zeigt. Wasser hinzufügen, Deckel auflegen und den Pak Choi einige Minuten dämpfen.

3. Chili-Soja-Butter hinzufügen. Mit Korianderblättern und Furikake oder Sesamsamen garnieren.

GENIAL!

Warmer Salat mit Roquefort-Dressing und Honignüssen

Ich weiß nicht, wer auf die geniale Idee kam, Salat auf den Grill zu werfen, aber es funktioniert! Außerhalb der Grillsaison kann man den Salat auch einfach braten. Am besten geeignet sind die etwas robusteren Sorten wie Herz- oder Romanasalat, aber mit Kopfsalat oder Eisberg funktioniert es auch – es sieht nur nicht so hübsch aus.

4 Portionen

10 Radieschen
3 Köpfe Herzsalat
evtl. frische Kräuter, z. B. Schnittlauch oder Kerbel

Honignüsse mit Rosmarin

100 g Walnüsse
2 EL Honig
1 Zweig Rosmarin
Meersalz

Roquefort-Dressing

1 Knoblauchzehe, fein gehackt
100 g Roquefortkäse
2 EL Apfelcidre- oder Sherryessig
100 g Crème fraîche
4 EL Schlagsahne
2 EL mildes Olivenöl
schwarzer Pfeffer
evtl. 1 Schuss Cognac

1. Knoblauch, Käse, Essig und Crème fraîche zu einem Dressing pürieren. Die Schlagsahne und das Öl schrittweise darunter schlagen, bis die Konsistenz cremig ist. Mit Pfeffer würzen und evtl. einen Schuss Cognac hinzufügen.

2. Die Walnüsse in einer Pfanne trocken rösten. Honig, Rosmarinblättchen und 2 TL Wasser hinzugeben. Alles einkochen lassen. Die Nüsse auf Backpapier legen und Meersalz darüberstreuen. Abkühlen lassen und die Nüsse dann grob hacken.

3. Die Radieschen in dünne Scheiben schneiden und in eiskaltes Wasser legen.

4. Die Salatköpfe halbieren. Leicht mit Öl einpinseln und ein paar Minuten mit der Schnittfläche nach unten grillen oder in einer Pfanne braten, bis die Hälften etwas Farbe zeigen.

5. Den Salat mit Radieschen, Nüssen und etwas Dressing toppen. Das restliche Dressing separat servieren. Kräuter sind schön als Garnierung, aber kein Muss.

Wachsbohnen mit brauner Salbei-Kapern-Butter

In der Saison laufe ich ins Geschäft und kaufe Wachsbohnen, die ich dann als Beilage zu allen möglichen Pasta- und Kartoffelgerichten zubereite. Das restliche Jahr habe ich Sehnsucht nach ihnen ... Salbei-Kapern-Butter passt jedoch das ganze Jahr zu anderem Gemüse wie Brokkoli, geröstetem Weißkohl und Kartoffeln, sie kann aber auch eine langweilige Tomatensoße in ein Luxusgericht verwandeln.

4 Portionen

400 g Wachsbohnen
Olivenöl
Salz und schwarzer Pfeffer

Braune Salbei-Kapern-Butter
75 g Butter
4 EL Kapern
1 Bund Salbei
evtl. Zitronensaft oder weißer Balsamicoessig

1. Die Wachsbohnen putzen. Salzwasser in einem Topf aufkochen lassen.

2. Die Butter in einer Pfanne bräunen, bis sie nicht mehr „brutzelt". Die Kapern zusammen mit den Salbeiblättern in eine Pfanne geben. Bräunen, bis sich die Kapern wie Blüten öffnen und die Butter nussig duftet und hellbraun wird. Eventuell einen Schuss Zitronensaft oder Essig hinzufügen. In eine Schale geben.

3. Die Bohnen ca. 2 Minuten blanchieren. Das Wasser abgießen und die Butter auf die Bohnen geben. Genießen.

Grüne Bohnen mit Chiliöldressing

Chiliöl können Sie selbst zubereiten oder fertig kaufen (La Gan Ma), gern mit krosser Einlage wie Erdnüsse. Sie passen ausgezeichnet in ein Dressing zu grünen Bohnen, aber auch zu gebratenem Brokkoli oder Kohl. Die würzigen Gemüse harmonieren schön mit gebratenem Fleisch, und mit Spiegelei, Reis oder Nudeln werden sie zur kompletten Mahlzeit.

4 Portionen

400 g grüne Bohnen
geröstete Erdnüsse, gehackt (oder Röstzwiebeln)
Salz

Chiliöldressing
2 TL Ahornsirup
1 EL Reisweinessig
2 EL japanische Sojasoße
4 EL Chiliöl, La Gan Ma (oder S. 170)

1. Die grünen Bohnen putzen. Salzwasser in einem Topf aufkochen lassen.

2. Die Zutaten zum Dressing in einer Schüssel verschlagen oder in einem Mixbecher mit Deckel mixen.

3. Die Bohnen ca. 2 Minuten blanchieren. Das Wasser abgießen und das Dressing mit den grünen Bohnen vermengen. Mit Erdnüssen oder Röstzwiebeln garnieren. Oder einfach mit beidem!

Tipp: Bohnen werden in einigen Ländern wie Italien oder Dänemark gerne roh gegessen. Grüne Bohnen sollten aber generell nicht roh verzehrt werden, da sie das giftige Protein Phasin enthalten, das erst beim Garen zerstört wird. Wir empfehlen daher, die grünen Bohnen nach dem Blanchieren mind. 10 Minuten zu kochen.

Som Tam mit Weißkohl

Som Tam ist ein wunderbarer thailändischer Salat, der mit unreifer Papaya zubereitet wird. Papaya wächst ja leider nicht in unseren Breitengraden, kann aber gut durch Weißkohl ersetzt werden. Im Sommer bereite ich eine gegrillte Variante zu, bei der ich frische Weißkohlblätter tatsächlich im Feuer anschmore. Aber auch die Winterversion mit rohen Weißkohlstreifen ist keineswegs zu verachten. Das Dressing kann auch für unreife Mango in Streifen, Zucchini oder Kohlrabi verwendet werden.

4 Portionen

300 g Weiß- oder Spitzkohl
2 Lauchzwiebeln
1 Bund Koriander
75 g geröstete Erdnüsse
evtl. frischer Chili

Tomaten-Limetten-Dressing
1–2 Knoblauchzehen, geschält
1–2 rote Chili, z. B. Bird's Eye, entkernt
1 ½ EL Fein- oder Palmzucker
2 EL Fischsoße
3 EL Limettensaft
250 g Kirschtomaten

1. Knoblauch, Chili und Zucker zu einer feinen Paste hacken oder im Mörser zubereiten. Fischsoße und Limettensaft darunterrühren. Die Tomaten in Viertel schneiden und zu einem säuerlichen Dressing mischen.

2. Die großen Kohlblätter auf dem Grill oder in der Pfanne leicht anbraten. Oder lassen Sie Grillen und Anbraten weg und schneiden Sie den Kohl in feine Streifen, gern mit einer Reibe. Mit dem Dressing vermischen.

3. Lauchzwiebeln und Koriander in Streifen schneiden, auch die Stängel. Nüsse grob hacken. Vermengen und den Kohl mit dieser Mischung toppen. Chilistreifen darübergeben, wenn Sie es scharf mögen.

Wokgemüse in Austernsoße

Hier eine thailändische Beilage, die ganz unkompliziert zubereitet wird und die ich oft serviere. Wenn ich kein asiatisches Gemüse im Haus habe, nehme ich Spinat oder Schwarzkohl. Wichtig ist es, eine richtig heiße Pfanne oder einen Wok zu verwenden, damit die Gemüse schnell braten und ihre Farbe behalten. Austernsoße erhalten Sie im asiatischen Lebensmittelgeschäft. Hier finden Sie erheblich bessere Soßen als im normalen Supermarkt.

4 Portionen

3 Knoblauchzehen
1–3 rote Chili, entkernt
1 EL Fischsoße
1 EL Feinzucker
ca. 400 g Blattgemüse, z. B. Pak Choi, Choi Sum, Morning Glory, Kai Lan, Mangold
3 EL Austernsoße
Röstzwiebeln
neutrales Rapsöl

1. Die Knoblauchzehen schälen und zusammen mit Chili, Fischsoße und Zucker im Mörser zu einer Paste zerstoßen.

2. Die Gemüse in ca. 10 cm lange Stücke schneiden.

3. Öl in einem Wok erhitzen. Die Chilipaste und Gemüse hineingeben und kurz bissfest anbraten. Die Austernsoße und ca. 150 ml Wasser dazugeben, sodass Sie eine ausgewogen salzige Soße erhalten.

4. Mit Röstzwiebeln garnieren.

Koreanischer Chilimais

Nachdem ich Elote, das mexikanische Maisgericht mit Käse, Mayonnaise und Chili über ein paar Jahre gekocht habe, ist mir jetzt sein koreanisches Gegenstück begegnet, Mais mit Käsegratin, den ich mit zwei Sorten Chili würze. Das Mischen mit der koreanischen Gochujang-Paste ist allein meine Erfindung, die Sie gern überspringen können, wenn Schärfe nicht Ihr Ding ist. Frischer Mais ist ja ohnehin fantastisch und kann für extra Aroma gern erst gegrillt werden. Aber auch mit Mais aus der Dose ist das Ergebnis einfach lecker. Das ist vielleicht das vollmundigste Rezept des Buches – scharf, süß, cremig und wahnsinnig gut zu Grillgerichten, Tacos oder einfach zum Bier. Tipp: Mozzarella lässt sich tiefgefroren gut reiben!

4 Portionen

3 frische Maiskolben oder ca. 600 g Maiskörner
1 Mozzarella, ca. 125 g
50 g Parmesan oder Cheddarkäse
4 EL eingelegter Chili (S. 170 oder fertig gekauft)
2 Lauchzwiebeln, in Ringen
Salz und schwarzer Pfeffer

Gochujang-Mayonnaise

4 EL Mayonnaise
50 g Crème fraîche
1 Knoblauchzehe, fein gehackt
1 EL Gochujang-Paste
Salz und schwarzer Pfeffer

1. Backofen auf 225 °C vorheizen.
2. Die Zutaten für die Mayonnaise mischen, dann mit Salz und Pfeffer würzen.
3. Mozzarella und Parmesan grob reiben und drei Viertel unter die Mayonnaise heben.
4. Die Körner von den Maiskolben lösen. Den Mais mit der Mayonnaise mischen und die Mischung in eine Ofenform geben. Den restlichen Käse daraufstreuen, mit Salz und Pfeffer würzen. Ungefähr 15 Minuten überbacken, bis die Mayonnaise schön Farbe bekommt.
5. Mit eingelegtem Chili und Lauchzwiebeln garnieren.

MEHR
GAR

ALS NUR NITUR

Kleine, delikate Salate machen die Mahlzeit komplett

Grüner Salat mit Parmesanchips

Die Antwort der Salatwelt auf Julio Iglesias – süß und cremig – ist Kopfsalat, auch als grüner Salat bezeichnet. Ich mag ihn in Kombination mit anderen, etwas charaktervolleren Salatblättern und einer guten Vinaigrette z. B. mit weißem Balsamicoessig, der leicht süß ist. Aber nehmen Sie einfach den Essig, den Sie im Haus haben oder mögen. Ich peppe meinen Salat mit hausgemachten Parmesanchips auf. Auch geröstete Nüsse sind klasse!

4 Portionen

75 g Parmesan
1 Kopfsalat
80 g gemischter Salat mit bitteren Blättern
1 Handvoll frische Kräuter, z. B. Basilikum, Schnittlauch, Kerbel

Vinaigrette mit weißem Balsamicoessig

1 EL Dijonsenf
1 EL weißer Balsamicoessig
3 EL Olivenöl
Salz und schwarzer Pfeffer

1. Backofen auf 175 °C vorheizen.
2. Parmesan fein reiben und in ca. 12 kleinen Haufen auf einem Blech mit Backpapier verteilen. Ungefähr 8 Minuten überbacken, bis der Käse geschmolzen ist und schön Farbe bekommen hat.
3. Salat in Stücke zupfen. Kräuter putzen.
4. Die Zutaten zum Dressing in einer Schüssel verschlagen oder in einem Mixbecher mit Deckel mixen. Mit Salz und Pfeffer würzen.
5. Salatblätter und Kräuter mit dem Dressing vermengen. Mit Parmesanchips garnieren.

Tiger Salad

Dieser Salat erfordert einen echten Koch, zumindest, wenn man die ganzen Gemüse in feine Streifen schneiden möchte. Aber wie immer gibt es auch hier einen Ausweg: Alle Zutaten können auch gehackt oder gerieben werden, auch wenn das Ergebnis nicht ganz dasselbe wird. Der Tiger Salad stammt ursprünglich aus der Mandschurei, weil dieses Rezept aber den Umweg über meine Küche genommen hat, enthält es auch eines meiner Lieblingsgemüse, Kohlrabi. Ich liebe es einfach – genau wie den Salat!

4 Portionen

1 kleiner Kohlrabi
2 Möhren
3 Stängel Bleichsellerie
2 grüne Paprika
200 g Lauchzwiebeln
1–2 grüne Chili
1–2 Bund Koriander
1 Handvoll geröstete Erdnüsse

Soja-Sesam-Dressing
1 TL Feinzucker
2 EL Sesamöl
1 EL japanische Sojasoße
2 EL Reisweinessig
Salz und schwarzer Pfeffer

1. Die Zutaten zum Dressing in einer Schüssel verschlagen oder in einem Mixbecher mit Deckel mixen. Mit Salz und Pfeffer würzen.

2. Kohlrabi und Möhren schälen, dann mit den anderen Gemüsen in feine Streifen schneiden. Chili entkernen und in feine Streifen schneiden. Den Koriander entstielen. Die Erdnüsse hacken.

3. Die Gemüse mit dem Dressing vermischen. Mit Nüssen, Chili und Koriander garnieren.

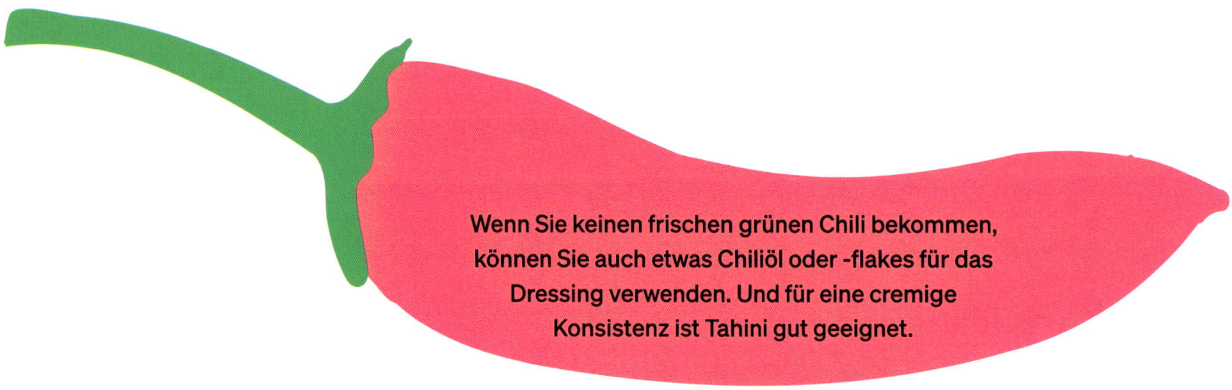

Wenn Sie keinen frischen grünen Chili bekommen, können Sie auch etwas Chiliöl oder -flakes für das Dressing verwenden. Und für eine cremige Konsistenz ist Tahini gut geeignet.

Smashed Cucumber

Am besten gelingt der Salat, wenn die Gurke beim Zerschlagen richtig kalt ist. Und kalt sollte sie auch sein, wenn sie als Snack zum Bier oder als Beilage zu asiatischen Gerichten serviert wird. Ich begnüge mich mit zwei Knoblauchzehen, habe aber auch Rezepte mit bis zu sechs Stück gelesen – falls Sie auf Vampire treffen könnten, nehmen Sie also ruhig mehr ...

4 Portionen

1 Gurke, aus dem Kühlschrank
100 g Lauchzwiebeln
geröstete Sesamsamen oder Furikake

Soja-Chili-Dressing
2 Knoblauchzehen, fein gehackt
1 roter Chili, entkernt und fein gehackt
1 TL Feinzucker
2 EL Sesamöl
1 EL Reisweinessig
2 EL japanische Sojasoße

1. Die Gurke mit einem breiten Messergriff auf einem Schneidebrett zerschlagen. Sie sollten Sie in zwei Plastikbeutel legen, dann müssen Sie die Gurke nicht von den Wänden wischen.

2. Die Zutaten zum Dressing in einer Schüssel verschlagen oder in einem Mixbecher mit Deckel mixen.

3. Das Dressing über die Gurke geben und die Mischung mindestens 30 Minuten im Kühlschrank marinieren lassen. Am besten schmeckt sie eiskalt!

4. Lauchzwiebel in Ringe schneiden und mit den Samen als Garnierung über den Salat streuen.

Tauschen Sie den Chili gegen 1 TL koreanisches Gochugaru-Pulver oder 1 EL Chiliöl (S. 170). Der Chili kann auch komplett wegfallen.

Rotkohl mit Rote Bete und Meerrettichcreme

Dieses Rezept habe ich vom Autor Peter Meehan geklaut, der es seinerseits von Koch Fergus Henderson hat. Von wem Fergus das Rezept stibitzt hat, weiß ich nicht. Er bereitet es mit Kapern zu, ich mit Cornichons, Meerrettich und Kerbel. Der nach Lakritz schmeckende Kerbel hat einen festen Platz in meinem Herzen und ich freue mich immer, wenn ich ein Bund im Laden und noch dazu ein Rezept entdecke, in dem er verarbeitet wird. Das Gericht gelingt aber auch mit Schnittlauch oder glatter Petersilie. Ohne Kräuter und Meerrettichcreme hält der Salat im Kühlschrank eine Woche, deshalb bereite ich gern direkt mehr davon zu.

4 Portionen

2 Rote Bete
¼ Kopf Rotkohl, ca. 250 g
1 rote Zwiebel
80 g Cornichons, in Scheiben
2 EL Olivenöl
1 EL Balsamicoessig
frische Kräuter, z. B. Kerbel, Petersilie, Schnittlauch
Salz und schwarzer Pfeffer

Meerrettichcreme
1 EL Meerrettich, fein gerieben
3 EL Mayonnaise
100 g Crème fraîche
Salz, schwarzer Pfeffer und Feinzucker

1. Rote Bete schälen und grob reiben. Die rote Zwiebel schälen und zusammen mit dem Rotkohl in feine Streifen schneiden. Mit Cornichons, Öl, Balsamicoessig und zwei Prisen Salz vermischen. Mit Pfeffer würzen und ein paar Minuten ziehen lassen, damit das Salz die Gemüse weicher macht.

2. Meerrettich, Mayonnaise und Crème fraîche vermengen. Mit Salz und Pfeffer abschmecken, eine Prise Zucker hinzufügen.

3. Salat anrichten und vor dem Servieren mit Kräutern und Meerrettichcreme toppen.

Chop Chop

Ein kosmopolitischer Salat und ein geliebtes Kind mit vielen Namen: Chop Chop, Kachumber, Pico de gallo, Kachumbari, israelischer Salat ... Die Zutaten variieren je nach Breitengrad und man kann eigentlich alle Gemüse nach Belieben wählen. Entscheidend ist jedoch, sie in ungefähr gleich große Stücke zu schneiden. Auch wenn das schweißtreibende Arbeit ist, gelingt der Salat am besten, wenn man die Zutaten schön klein „choppt". Bärenhunger? Kichererbsen, Fetakäse und Croûtons hinzufügen!

4 Portionen

2 Tomaten
½ Gurke
1 rote Zwiebel
2 Paprika, gern in verschiedenen Farben
1 Bund Minze
1 Bund Dill oder Petersilie
3 EL Olivenöl
1 ½ EL Zitronensaft
Salz und schwarzer Pfeffer

1. Tomaten fein hacken und in ein Sieb geben, damit die Flüssigkeit etwas abtropft. Die Gurke und die rote Zwiebel schälen und fein hacken. Die Paprika entkernen und fein hacken. Die Kräuter ebenfalls fein hacken, aber einige Blätter zum Garnieren übrig lassen.

2. Olivenöl und Zitronensaft über die Gemüse und die gehackten Kräuter geben. Mit Salz und Pfeffer würzen, dann alles vermengen.
Eine Weile ziehen lassen, damit sich die Aromen entwickeln können. Mit Kräuterblättchen garnieren.

LECKER

Kohl mit Tahini-Ingwer-Dressing

Mit verschiedenen Kohlsorten wird der Salat zum optischen Highlight, er gelingt aber natürlich auch mit nur einer Sorte. Alles, was sich nicht wehrt, mit der Reibe oder dem Käsehobel in Streifen schneiden, den Rest in kleine Stücke zupfen. Für einen kaufreundlicheren Salat die Blätter mit Öl und Salz einreiben. Wenn Sie das Rezept weiterentwickeln möchten, können Sie den Kohl erst im Ofen rösten oder grillen. Die Avocado lässt sich übrigens ebenfalls fantastisch grillen.

4 Portionen

400 g gemischter Kohl, z. B. Rot-, Weiß-, Grün- und/oder Rosenkohl
1 Avocado
60 g Dukkah (S. 170)
ca. 1 TL Olivenöl
Salz

Tahini-Ingwer-Dressing

1 TL Sesamöl
2 TL frischer Ingwer, fein gerieben
2 TL japanische Sojasoße
1 EL Reisweinessig
1 EL Ahornsirup
2 EL Olivenöl
4 EL helles Tahini
Salz und schwarzer Pfeffer

1. Die Zutaten in einer Schüssel zum Dressing schlagen. Etwas kaltes Wasser darunterschlagen, schrittweise, bis die Konsistenz cremig ist. Mit Salz und Pfeffer würzen.

2. Den Kohl mit der Reibe in feine Streifen schneiden, Grünkohl oder Schwarzkohl in Stücke rupfen. Olivenöl und eine Prise Salz hinzufügen. Einmassieren, bis der Kohl etwas schlaff wird. Mit einem Teil Dressing mischen.

3. Die Avocado auskratzen oder in Stücke schneiden. Zusammen mit dem Dukkah oben auf den Kohl geben. Das restliche Dressing separat servieren.

Eisbergsalat mit Zitronenjoghurt und Bacon-Panko

Ich würde nicht behaupten, dass Eisbergsalat gemobbt wird, sondern einfach wegen falscher Behandlung zu Unrecht einen schlechten Ruf genießt. Er ist nämlich einfach todlangweilig, wenn er nicht kräftig in Eiswasser baden darf. Aber so wie hier, knackig nach einem ausgiebigen Bad und mit cremigem Dressing und knusprigen Pankobröseln, ... ein Traum! Statt den Salat zu „eisen", können Sie ihn für einen kleineren Traum braten. Für eine tolle vegetarische Variante lassen Sie den Bacon weg und fügen gehackte BBQ-Mandeln hinzu.

4 Portionen

1 Kopf Eisbergsalat
1 Bund Schnittlauch

Bacon-Panko
75 g Bacon
60 g Panko
1 kleine Knoblauchzehe, fein gehackt
Olivenöl

Zitronenjoghurt
Saft und fein geriebene Schale von ½ Zitrone
1 EL Olivenöl
100 ml Mayonnaise
100 g Joghurt, 10 %
Salz und schwarzer Pfeffer

1. Den Eisbergsalat in Viertel schneiden und diese in eiskaltes Wasser legen.

2. Die Zutaten für den Zitronenjoghurt in einer Schüssel schlagen. Mit Salz und Pfeffer würzen.

3. Den Bacon fein würfeln und in etwas Öl knusprig braten. Panko und Knoblauch hinzufügen, wenn der Bacon leicht Farbe annimmt. Umrühren und braten, bis das Panko golden ist.

4. Die Salatviertel vorsichtig mit Küchenpapier abtupfen. Auf Teller legen und mit Zitronenjoghurt, Bacon-Panko und fein gehacktem Schnittlauch garnieren.

Asiatischer Coleslaw

Dieser Salat ist meine Rettung, wenn ich etwas Sättigendes, Preiswertes haben möchte. Er ist außerdem eine ideale Beilage zu Dumplings, Hühnchen in Panko-Panade, gegrilltem Lachs und Veggie-Burgern. In den letzten Jahren habe ich angefangen, ein bisschen Chiliöl hinzuzufügen, weil ich es mittlerweile für die meisten Rezepte verwende. Es ist einfach himmlisch gut.

4 Portionen

250 g Weiß- oder Spitzkohl
1 große Möhre
150 g Lauchzwiebeln
3 EL Sesamsamen

Miso-Soja-Mayonnaise mit Chili
1 TL Sesamöl
2 TL japanische Sojasoße
2 TL Limettensaft
2 EL weißes Miso
100 ml Mayonnaise
Chiliöl (S. 170) oder Srirachasoße
Salz und schwarzer Pfeffer

1. Den Kohl in feine Streifen schneiden. Die Möhre schälen und in grobe Stücke schneiden. Die Frühlingszwiebeln in feine Ringe schneiden.

2. Die Sesamsamen trocken in einer Pfanne rösten.

3. Die Zutaten in einer Schüssel zum Dressing schlagen. Mit Wasser verdünnen, wenn die Konsistenz zu dick ist. Mit Salz und Pfeffer würzen, Chili hinzufügen, wenn Sie den Coleslaw schärfer mögen.

4. Gemüse und Dressing vermengen oder das Dressing über das Gemüse ringeln, wenn der Salat optisch insta-gerecht daherkommen soll.

5. Mit den gerösteten Sesamsamen garnieren.

Green Goddess

Das Dressing der grünen Göttin zählt zu meinen Favoriten, auch wenn ich normalerweise dünne Dressings den cremigen vorziehe. Ich glaube, das liegt an der frischen Säure des Joghurts und der Zitrone sowie am Umami der Sardellen. Und daran, dass es einfach toll zu Kohl passt.

4 Portionen

150 g Salat, gern verschiedene Sorten, z. B. Herz-, Rosso-, Kopf- und Friséesalat
150 g Kohl, gern verschiedene Sorten, z. B. Rot-, Grün- und Rosenkohl
½ Gurke
65 g geröstete Süßmandeln, Pistazien oder Dukkah (S. 170)

Green Goddess-Dressing
3 Sardellenfilets
1 Knoblauchzehe
1 EL Olivenöl
1–2 Handvoll gemischte frische Kräuter, glatte Petersilie, Schnittlauch, Estragon, Minze
1 Avocado, ausgehöhlt
150 g Joghurt, 10 %
ca. 2 EL Zitronensaft
Salz und schwarzer Pfeffer

1. Salat putzen, den Kohl in feine Streifen schneiden. Blätter und Streifen in eiskaltes Wasser legen.

2. Für das Dressing die Sardellen und den Knoblauch fein hacken. Sardellen, Öl, Knoblauch und Kräuter mit dem Avocadofleisch zu einer grünen Creme mixen. Den Joghurt unterheben und mit Zitronensaft abschmecken. Mit Salz und Pfeffer würzen.

3. Salatblätter und Kohl abtrocknen oder schleudern, dann leicht mit dem Dressing mischen.

4. Die Gurke fein schneiden und die Mandeln grob hacken. Alles zusammen oben auf den Salat geben. Mit noch mehr frischen Kräutern garnieren.

Wenn es keine Avocados gibt, können Sie stattdessen 150 ml Mayonnaise nehmen. Die Sardellen können für eine vegane Variante gegen Miso ausgetauscht werden.

Rotkohl mit Granatapfeldressing

Rotkohl ist ein Geschenk für jeden Salatkoch. Er ist attraktiv, knackig und passt gut zu etwas Süßem wie Granatapfelkernen oder gelben Rosinen, die das leicht bittere Aroma ausgleichen. Das säuerliche Dressing mit Granatapfelsirup in Kombination mit Dukkah oder Za'atar ist ein Kracher. Sie können auch Zitronensaft und Mandeln nehmen, um sich das Leben etwas zu erleichtern. Das Miso mildert die Säure ab, kann aber auch weggelassen werden. Für ein bissfreundliches leichtes Mittagessen mit Fetakäse abrunden oder zu Falafel servieren oder mit gerösteten Kartoffeln und gebratenem Halloumi, Lachs oder Hühnchen.

4 Portionen

250 g Rotkohl
2 Möhren
1 Granatapfel (oder 225 g tiefgefrorene Granatapfelkerne) oder 1 Handvoll gelbe Rosinen
1 grüner Chili
1–2 Bund Koriander
5 EL Dukkah oder Za'atar (S. 170)

Granatapfeldressing
2 EL weißes Miso
1 EL Granatapfelsirup
4 EL Olivenöl
Salz und schwarzer Pfeffer

1. Die Zutaten zum Dressing in einer Schüssel verschlagen oder in einem Mixbecher mit Deckel mixen. Mit Salz und Pfeffer würzen.

2. Den Rotkohl in feine Streifen schneiden, gern mit der Reibe. Die Möhren schälen und mit einem Kartoffelschäler oder einem Spiralschneider in lange Streifen schneiden. Die Streifen in eiskaltes Wasser legen, damit sie sich kräuseln und knackig werden.

3. Granatapfel entkernen (wenn Sie keine tiefgefrorenen Kerne verwenden), ebenso den Chili. Chili und Koriander fein hacken, auch die Stängel.

4. Alles mit dem Dressing vermengen, die Granatapfelkerne als Garnierung verwenden. Zum Schluss mit Dukkah oder Za'atar bestreuen.

Fenchel-Birnen-Salat

Ich bin definitiv „Team Fenchel“. Wenn Sie das feine Gemüse mit Lakritzaroma nicht mögen, können Sie stattdessen Kohlrabi oder einfach Weißkohl verwenden. Pecorino ist ein entfernter Verwandter des Parmesan aus Schafmilch. Ich finde, hier sollten Sie einen Pecorino guter Qualität nehmen, auch wenn er etwas teurer ist. Oder Sie kaufen einen gelagerten Parmesan. Wenn der Käse dem Dressing Ihrer Meinung nach nicht genug Umami verleiht, können Sie ein bisschen Colatura di Alici (italienische Fischsoße) oder normale Fischsoße hinzufügen.

4 Portionen

1 Fenchelknolle, ca. 250 g
1 Kohlrabi
1 Birne
65 g Süßmandeln, gern Marcona- oder geräucherte BBQ-Mandeln
frisches Basilikum und Chiliflakes oder roter Chili, fein gehackt
fein geriebener Pecorino zum Servieren

Pecorino-Dressing

1 TL Honig
Saft und fein geriebene Schale von 1 Zitrone
4 EL Olivenöl
5 EL Pecorino, fein gerieben
Salz und schwarzer Pfeffer

1. Den Fenchel in feine Streifen schneiden, gern mit der Reibe. Die Streifen mindestens 10 Minuten in eiskaltes Wasser legen, damit sie knackig werden. Den Kohlrabi schälen, in feine Streifen schneiden und demselben Schicksal zuführen.

2. Die Zutaten zum Dressing in einer Schüssel verschlagen oder in einem Mixbecher mit Deckel mixen. Mit Salz und Pfeffer würzen.

3. Die Birne in dünne Scheiben oder feine Streifen schneiden.

4. Die Nüsse in einer Pfanne trocken rösten, danach grob hacken.

5. Die Gemüse abtrocknen oder schleudern.

6. Gemüse und Birne mit dem Dressing vermengen. Käse und Mandeln über die Mischung streuen. Mit Basilikumblättern und Chili für ein noch besseres Erlebnis toppen.

SÜ
ABSCH

Fruchtige Dessertsalate mit Obst und Beeren

Zitrus mit Granatäpfeln und Minze

Zitrusfrüchte sollte man im Winter essen. Dann sind sie am besten, auch wenn man die meisten Sorten mittlerweile ganzjährig kaufen kann. Diese Kombination verschiedener Sorten mit Granatapfel gefällt mir am besten und sieht auch noch toll im Salat aus. Aber man muss es nicht so genau nehmen, auch mit einer einfachen Orange gelingt das Rezept sehr gut. Die ganze Küche duftet nach Weihnachten, wenn man Mandeln röstet. Sollte die Weihnachtsstimmung nicht so passend sein, kann man stattdessen Cantuccini zerstoßen. Als Bonus spart man sich eine Viertelstunde Arbeit. Kein Joghurt im Haus? Mischen Sie Sahne mit geschlagenem Ricotta, abgetropftem Sauerrahm, saurer Sahne oder Crème fraîche.

4 Portionen

1,2 kg gemischte Zitrusfrüchte, z. B. Orange, Blutgrapefruit, Satsumas und Clementinen
200 g Mandelpaste
4 EL Haselnüsse, gehackt
1 Granatapfel oder 225 g tiefgefrorene Granatapfelkerne
frische Minze
evtl. gemahlener Zimt

Joghurtcreme mit Vanille

150 ml Schlagsahne
1 ½ EL Feinzucker
1 Vanilleschote, ausgekratzt, oder 1 TL echtes Vanillepulver
300 g Joghurt, 10 %

1. Backofen auf 200 °C vorheizen.

2. Orange abwaschen und Schale fein reiben, am besten mit einem Reibeisen. Die Mandelpaste mit der Orangenschale und den Nüssen vermengen. Auf einem Backblech mit Backpapier verteilen und im Ofen 5 – 10 Minuten backen, bis die Brösel leicht braun sind.
   Dabei einmal wenden. Abkühlen lassen und in schöne kleinere Stücke brechen (was auch immer „schön" in der Keksbröselwelt bedeuten mag).

3. Die Schlagsahne leicht mit dem Feinzucker und dem Innenleben der Vanilleschote schlagen. Den Joghurt unterheben. Kühl stellen.

4. Die restlichen Zitrusfrüchte schälen. Das Fruchtfleisch in Scheiben schneiden. Den Granatapfel entkernen, wenn Sie nicht so schlau oder bequem waren, tiefgefrorene Kerne zu verwenden.

5. Die Früchte auf einem Teller anrichten. Die hübschen Brösel und Minzeblätter darüberstreuen. Gern mit Zimt toppen. Die Joghurtcreme separat dazuservieren, sodass jeder die Menge selbst bestimmen kann.

Sommerbeeren und Nektarinen mit Cookie-Streuseln

Sommerbeeren klingen nach etwas, über das viele Dichter geschrieben haben. Hier kombiniere ich die Beeren mit Nektarinen, aber auch andere Obstsorten wie Pfirsich und Pflaume funktionieren gut. Vom Keksteig können Sie gern eine größere Portion zubereiten und einfrieren (ungebacken), falls unerwartet desserthungriger Besuch ins Haus fällt. Natürlich können Sie auch einfach Kekse kaufen und zerbröseln – wer faul ist, muss auch schlau sein!

4 Portionen

3 Nektarien
ca. 500 g Beeren, z.B. Erdbeeren, Blaubeeren, Himbeeren
Saft von 1 Zitrone
ca. 1 EL Feinzucker
Zitronenmelisse

Mürbeteig
75 g Haferflocken
120 g Weizenmehl
5 EL Feinzucker
1 Prise Salz
1 TL Kardamomkapseln, zerstoßen
125 g Butter

Geschlagene Zitronencreme
fein geriebene Schale von 1 Zitrone
200 g Crème fraîche
2 EL Feinzucker
½ Vanilleschote oder ½ TL echtes Vanillepulver

1. Backofen auf 200 °C vorheizen.

2. Alle trockenen Zutaten in einer Schüssel zu einem Mürbeteig vermengen. Die Butter hinzufügen und alles schnell zu Streuseln verarbeiten. Für etwa 30 Minuten kühl stellen.

3. Die Streusel auf ein Backblech mit Backpapier geben und ca. 12 Minuten backen, bis sie eine schöne Farbe zeigen. Dabei einmal wenden.

4. Zitronenschale, Crème fraîche, Feinzucker und das Vanillemark zu einer fluffigen Creme schlagen.

5. Die Nektarinen in Spalten schneiden. Große Beeren (also Erdbeeren) halbieren. Zitronensaft darübergeben, vermengen und mit Feinzucker überpudern. Die Zuckermenge hängt von der Süße der Beeren ab.

6. Mit Streuseln und Creme servieren, mit Zitronenmelisse garnieren.

Melone mit Limetten-Honig-Dressing

Hier ist Raum für Ihre Ideen und Rezeptänderungen. Der Salat ist zum Beispiel mit einem Schuss Schnaps wunderbar, auch fein gehackter Chili passt ins Dressing. Ich serviere ihn eiskalt ohne Beilagen, aber mit gerösteter Kokosnuss und frischer Joghurtcreme, Curd-Joghurt oder Kokoseis ist er einfach himmlisch.

4 Portionen

1 kg Melone, verschiedene oder Lieblingssorten
fein geriebene Schale von 1 Limette
2 EL Feinzucker (Streuzucker)

Limetten-Honig-Dressing
Saft von 2 Limetten
fein geriebene Schale von 1 Limette
3 EL flüssiger Honig
1 Bund Zitronenmelisse oder Minze, fein gehackt
1 Prise Salz

1. Melone schälen und in ca. 2 cm große Würfel schneiden, wenn Sie nicht unbedingt ein hübsches Fotostillleben kreieren möchten – dann benötigen Sie größere Stücke, die Sie stapeln können.

2. Limettenschale und Zucker mischen.

3. Die Zutaten zum Dressing vermengen. Über die Melone geben, vermischen und kalt stellen.

4. Zum Servieren mit Limettenzucker bestreuen.

15!

Wassermelone mit Beeren, Chili und Hafercrunch

Dieser Dessertsalat gleicht einem besseren Frühstücksteller und passt daher auch zum Brunch. Das Obst können Sie nach Belieben auswählen, ich mische gern roten Chili mit Wassermelone, Erdbeeren und Himbeeren. Ein Granatapfel kann auch nicht schaden. Für den Crunch nehme ich eine Hälfte Haferflocken und eine Hälfte Buchweizenkeime. Sie können sich aber auch für eine der Zutaten entscheiden. Wenn Sie auf Jagd nach neuen Geschmackserlebnissen sind, empfehle ich den Tahini-Joghurt auf Seite 98 statt Schokoladencreme. Er ist nussig und mit einem extra Löffel Honig passt er auch zu Süßem.

4 Portionen

300 g Wassermelone ohne Schale
500 g gemischte rote Beeren, z. B. Himbeeren, Erdbeeren und Granatapfelkerne
1 roter Chili
Saft von 1 Limette
1 Bund Minze

Hafercrunch
50 g Butter
2 EL Honig
1 Prise echtes Vanillepulver
1 TL Kardamomkapseln, zerstoßen
120 g Haferflocken
150 g Buchweizenkeime
Salz

Weiße Schokoladencreme
50 g weiße Schokolade
300 g Joghurt, 10 %
fein geriebene Schale von 1 Limette

1. Backofen auf 150 °C vorheizen.

2. Butter für den Hafercrunch in einer Pfanne anbräunen, bis sie hellbraun ist und lieblich nach Nuss und Karamell duftet. Honig, Vanille und Kardamom unterrühren, mit Haferflocken und Buchweizenkeimen mischen. Salzen. Die Mischung auf einem Backblech mit Backpapier verteilen und ca. 40 Minuten backen, bis sie eine schöne Farbe annimmt. Zwischendurch mehrmals wenden. Ofen ausschalten und den Crunch im Ofen abkühlen lassen.

2. Schokolade fein reiben, dann mit Joghurt und Limettenschale mischen. Kühl stellen.

3. Die Melone in kleinere Stücke schneiden und große Beeren halbieren. Den Chili entkernen und fein hacken. Alles mit Limettensaft und den Granatapfelkernen vermengen.

4. Den Salat mit Minzeblättern garnieren, mit Schokoladencreme und Hafercrunch servieren.

Exotische Früchte mit Curd-Joghurt

Mit fertigem Curd ist dieser exotische Obstsalat in wenigen Minuten gemacht. Zitronencurd ist die Variante, die man meistens im Geschäft findet, wenn Sie jedoch welchen mit Mango oder Passionsfrucht finden oder zubereiten, bekommen Sie mindestens einen Stern.

4 Portionen

800 g gemischte exotische Fruchtstücke, z. B. Mango, Ananas, Banane, Papaya
Saft und fein geriebene Schale von 2 Limetten
1 Prise Salz
2 Passionsfrüchte
1 gelber oder roter Chili, entkernt und fein gehackt
Kokosflakes

Curd-Joghurt
150 g Zitronencurd oder eine andere Sorte
400 g Joghurt, 10 % oder mehr

1. Das Obst in eine Schüssel geben, Limettensaft und Salz darübergeben. Kühl stellen.

2. Curd und Joghurt leicht zu einer feinen „Tigerstreifencreme" verrühren.

3. Die Creme auf Teller geben, die Früchte obenauf legen. Die Passionsfrucht halbieren und mit dem Löffel über den Früchten auskratzen. Mit Kokosflocken, Limettenschale und Chili toppen. Oder alles einzeln servieren, dann kann jeder seinen eigenen Salat zusammenstellen.

Wenn Sie erwachsene Gäste besonders glücklich machen wollen, stellen Sie eine Marinade aus 3 EL Rum, 1 EL Feinzucker und etwas Vanille her, die sie mit Limettensaft mischen und über das Obst geben. Ich bin zwar erwachsen, aber am glücklichsten, wenn auch ein bisschen Chili dabei ist. Obwohl das eine das andere ja nicht ausschließt …

DRESSINGS ETC.

Hier habe ich alle Dressingrezepte aus diesem Buch nach Typ zusammengestellt, damit Sie Ihren Favoriten für jeden Salat ganz leicht finden können. Die cremigen Dressings eignen sich am besten für Salatsorten mit etwas festeren Blättern, zum Beispiel Romanasalat und Kohl. Für zartere Salatsorten, Kräuter und junge Blätter wählt man besser ein dünnflüssigeres Dressing, zum Beispiel Vinaigrette, oder serviert ein cremiges Dressing separat.

Hier finden Sie auch Rezepte für aromatisierte Butter, süße Cremes und vier Aromen, die ich im Buch und auch zu Hause oft verwende.

Mayonnaise, Veganaise und Aioli ergeben ungefähr 300 ml, während die Menge der übrigen Rezepte variiert, in der Regel aber für einen Salat für vier Personen ausreicht. Die Menge im Rezept kann gern verdoppelt werden.

Alle Dressings, Cremes und Buttermischungen sind im Kühlschrank bis zu einer Woche haltbar, die Gewürze auf Seite 170 mindestens einen Monat. Übrig gebliebene Butter können Sie einfrieren.

Cremige Dressings mit Ei und Öl

Dieser Soßentyp heißt in der Küchensprache Emulsion. Mayonnaise und Aioli sind zwei typische Vertreter. Gemeinsam ist diesen Soßen und Dressings ihr hoher Fettgehalt. Sie brauchen daher etwas Säure als Gegenpart, entweder im Dressing oder im Salat. Meist serviert man sie lieber separat oder zu etwas festeren, knackigeren Salatsorten und Kohl. Mayonnaise ist eine Basissoße, die für viele andere Dressings und Soßen verwendet werden kann. Sie kann mit und ohne Ei zubereitet werden. Ich nenne die vegane Variante ohne Ei Veganaise.

Mayonnaise

2 Eigelb
2 TL Dijonsenf
TL Weißweinessig
ca. 250 ml neutrales Rapsöl
Salz und schwarzer Pfeffer

• Alle Zutaten sollten Zimmertemperatur haben.
• Die Zutaten in einer hohen Schüssel zur dicken Mayonnaise mixen.
• Eventuell mehr Öl hinzufügen. Mit Salz und Pfeffer würzen.

Veganaise mit Aquafaba

2 EL Dijonsenf
2 EL Kichererbsen, gekocht
3 EL Aquafaba (Flüssigkeit von Kichererbsen aus der Dose)
ca. 250 ml neutrales Rapsöl
1 TL Zitronensaft
Salz

• Alle Zutaten sollten Zimmertemperatur haben.
• Senf, Kichererbsen und Aquafaba in einem hohen Mixbecher oder in der Küchenmaschine mixen.
• Schrittweise Öl hinzufügen und mixen, bis die Mayonnaise fest ist und die gewünschte Konsistenz hat. Mit Zitronensaft abschmecken. Salzen.

Veganaise mit Sojadrink

1 TL Weißweinessig
2 TL Dijonsenf
150 ml ungesüßter Sojadrink
ca. 250 ml neutrales Rapsöl
1 TL Zitronensaft
Salz

• Alle Zutaten sollten Zimmertemperatur haben.
• Essig, Senf und Sojadrink in einer hohen Rührschüssel oder in der Küchenmaschine mixen.
• Schrittweise Öl hinzufügen und mixen, bis die Mayonnaise fest ist und die gewünschte Konsistenz hat. Mit Zitronensaft abschmecken. Salzen.

Chili-Mayonnaise

Saft und fein geriebene Schale von ½ Limette
1 EL Gochujang-Paste
150 ml Mayonnaise
Salz und Feinzucker

• Alle Zutaten mischen. Salzen und mit einer Prise Zucker abschmecken.

Miso-Soja-Mayonnaise mit Chili

1 TL Sesamöl
2 TL japanische Sojasoße
2 TL Limettensaft
2 EL weißes Miso
100 ml Mayonnaise
Chiliöl (S. 170) oder Srirachasoße
Salz und schwarzer Pfeffer

• Alle Zutaten in einer Schüssel vermischen.
• Mit Wasser verdünnen, wenn das Dressing zu dickflüssig ist. Mit Salz und Pfeffer würzen.

Kimchi-Mayonnaise

1 TL Sesamöl
1 ½ EL weißes Miso
150 ml Mayonnaise

•Alle Zutaten mischen.

Miso-Mayonnaise

1 TL Sesamöl
1 ½ EL weißes Miso
150 ml Mayonnaise

• Alle Zutaten mischen.

Gochujang-Mayonnaise

4 EL Mayonnaise
50 g Crème fraîche
1 Knoblauchzehe, fein gehackt
1 EL Gochujang-Paste
Salz und schwarzer Pfeffer

• Alle Zutaten mischen. Mit Salz und Pfeffer würzen.

Ponzu-Mayonnaise

½ TL Sesamöl
2 EL Ponzusoße
150 ml Mayonnaise

• Alle Zutaten mischen.

Aioli

2 Eigelb
1 TL Dijonsenf
2 Knoblauchzehen, fein gehackt
ca. 1 TL Zitronensaft
ca. 250 ml neutrales Rapsöl
Salz

• Alle Zutaten sollten Zimmertemperatur haben.
• Alle Zutaten bis auf Öl und Salz in einen hohen Mixbecher oder in die Küchenmaschine geben. Mixen.
• Schrittweise Öl unter Rühren hinzufügen und alles zu einer cremigen Soße schlagen. Salzen. Nach Bedarf mit mehr Zitrone abschmecken.

Caesar Dressing

1 Knoblauchzehe, geschält
4 Sardellenfilets
1 großes Eigelb
1 TL Dijonsenf
2 EL Zitronensaft
1 EL Olivenöl
ca. 100 ml neutrales Rapsöl
3 EL Parmesan, fein gerieben
Salz und schwarzer Pfeffer

• Alle Zutaten sollten Zimmertemperatur haben.
• Knoblauch und Sardellen zu einer feinen Paste hacken. In einer Schale mit Eigelb, Senf und Zitronensaft vermischen.
Olivenöl und Rapsöl schrittweise zum cremigen Dressing unterrühren.
Den Käse einrühren. Leicht salzen und ordentlich pfeffern.

Cremige Dressings auf Milchbasis und Mischungen

Die Basis für diese Dressings kann z. B. Crème fraîche, Joghurt oder Ricotta sein. Sie enthalten mehr Säure als die eibasierten und werden deshalb als leichter empfunden, besonders wenn sie mit Joghurt zubereitet werden. Dressings separat servieren oder unter den Salat geben, um ein Beschweren der Blätter zu vermeiden

Tsatsiki

½ Gurke
1–2 Knoblauchzehen
300 g Joghurt, 10%
1 EL Olivenöl
Salz

• Gurke grob reiben, Knoblauch schälen und fein reiben.
• Flüssigkeit aus der geriebenen Gurke pressen, dann mit Joghurt, Knoblauch und Öl vermischen. Salzen.

Kräuterjoghurt

2 EL Dijonsenf
2 Sardellenfilets
2 Handvoll frische Kräuter, z. B. Estragon, glatte Petersilie, Basilikum, Dill
75 ml Mayonnaise
200 g Joghurt, 10%
Salz und schwarzer Pfeffer

• Senf, Sardellen und Kräuter mixen.
• Mit der Mayonnaise zur grünen Soße mixen.
• Den Joghurt einrühren. Salzen und pfeffern.

Zitronenjoghurt

Saft und fein geriebene Schale von ½ Zitrone
1 EL Olivenöl
100 ml Mayonnaise
100 g Joghurt, 10%
Salz und schwarzer Pfeffer

• In einer Schüssel vermischen. Salzen und pfeffern.

Tahini-Joghurt

300 g Joghurt, 10%
3 EL helles Tahini
1 TL Honig
Salz und schwarzer Pfeffer

• In einer Schüssel vermischen. Salzen und pfeffern.

Zitronenricotta

Schale von 1 Zitrone, fein gerieben
1 EL Olivenöl
150 g Fetakäse
250 g Ricotta
Salz und schwarzer Pfeffer

• Zutaten verquirlen.

Roquefort-Dressing

1 Knoblauchzehe, fein gehackt
100 g Roquefortkäse
2 EL Apfelcidre- oder Sherryessig
100 g Crème fraîche
4 EL Schlagsahne
2 EL mildes Olivenöl
schwarzer Pfeffer
evtl. 1 Schuss Cognac

• Knoblauch, Käse, Essig und Crème fraîche zum Dressing pürieren.
• Schlagsahne und Öl schrittweise unterrühren. Mit Pfeffer würzen und evtl. einen Schuss Cognac hinzufügen.

Meerrettichcreme

1 EL Meerrettich, fein gerieben
3 EL Mayonnaise
100 g Crème fraîche
Salz, schwarzer Pfeffer und Feinzucker

• Meerrettich, Mayonnaise und Crème fraîche vermengen. Salzen, pfeffern, eine Prise Zucker hinzufügen.

Hummus und Salsa

Zwei Gemüse- und Obstsoßen, die gut separat serviert oder oben auf einen Salat „geklickt" werden können. Die Aubergine im Hummus kann durch gekochte Rote Bete oder geröstete Paprika ersetzt werden. Und statt der Mango können Sie für die Salsa Melone und Avocado verwenden.

Green Goddess-Dressing

3 Sardellenfilets, fein gehackt
1 Knoblauchzehe, fein gehackt
1 EL Olivenöl
1–2 Handvoll frische Kräuter, z. B. glatte Petersilie, Schnittlauch, Estragon
1 Avocado, ausgehöhlt
150 g Joghurt, 10 %
ca. 2 EL Zitronensaft

• Salz und schwarzer Pfeffer
Sardellen, Öl, Knoblauch und Kräuter mit dem Avocadofleisch zu einer grünen Creme mixen.
• Joghurt und Zitrone darunterheben. Mit Salz und Pfeffer würzen.

Auberginenhummus

2 Auberginen, je ca. 325 g
4 Knoblauchzehen, geschält
1 Dose Kichererbsen, ca. 400 g
5 EL helles Tahini
1–2 EL Zitronensaft
1 TL Kreuzkümmel, gemahlen
1 TL Koriander, gemahlen
geräuchertes Paprikapulver
Olivenöl
Salz und schwarzer Pfeffer

• Backofen auf 225 °C vorheizen.
• Die Auberginen der Länge nach halbieren, dann die Knoblauchzehen in das Fleisch drücken.
• Auf ein Backblech mit Backpapier legen, etwas Öl darüberträufeln und mit Salz und Pfeffer würzen. Ca. 35 Minuten backen, bis die Auberginen weich sind und einen feinen, gerösteten Farbton zeigen. Sie können das Blech schon einschieben, bevor der Ofen ganz aufgeheizt ist.
• Das mit Knoblauch gespickte Auberginenfruchtfleisch herausschaben und mit den abgegossenen Kichererbsen und Tahini mixen.
• Mit Zitronensaft, Kreuzkümmel, Koriander und Salz abschmecken. Paprikapulver darüberpudern

Mangosalsa

300 g Mango in Würfeln, gern tiefgefroren
Saft und fein geriebene Schale von 1 Limette
1 rote Chili
2 Bund Koriander
Salz und schwarzer Pfeffer

• Mango, Limettensaft und Limettenschale vermengen.
• Chili evtl. entkernen. Zusammen mit dem Koriander fein hacken und mit der Mango mischen. Mit Salz und Pfeffer würzen.

Cremige Dressings auf Nuss- und Körnerbasis

Diese Dressings sind nicht so cremig, aber auch nicht dünnflüssig. Sie sind sehr lecker zu Kohlsalaten und Slaws oder zu Kohlenhydraten wie Nudeln, Kartoffeln und Speiseweizen.

Erdnusssoße

2 TL Feinzucker
1 EL Limettensaft
2 EL Fischsoße
1–2 EL rote Currypaste
150 ml Kokosmilch
75 g Erdnussbutter

• Die Zutaten vermischen.

Kokosdressing mit Avocado und Ingwer

1 Avocado, ausgehöhlt
1 kleine Dose Kokosmilch, ca. 165 ml, oder Kokoswasser
Saft von 1 Limette
2 TL Fischsoße
1 EL frischer Ingwer, fein gerieben
1 ½ Bund Koriander
1 kleine Knoblauchzehe, fein gehackt
Salz und Zucker

• Die Zutaten mischen, mit einer Prise Salz und einer Prise Zucker abschmecken.

Pistazienpesto

1 kleine Knoblauchzehe, fein gehackt
1 EL Zitronensaft
2 Bund Basilikum
65 g Pistazien, geschält
45 g Parmesan, fein gerieben
100 ml Olivenöl
Salz und schwarzer Pfeffer

• Alle Zutaten in einem hohen Mixbecher oder in der Küchenmaschine mixen. Salzen und pfeffern.

Tahini-Ingwer-Dressing

1 TL Sesamöl
2 TL frischer Ingwer, fein gerieben
2 El japanische Sojasoße
1 EL Reisweinessig
1 EL Ahornsirup
2 EL Olivenöl
4 EL helles Tahini
Salz und schwarzer Pfeffer

• Alle Zutaten in einer Schüssel vermischen. Schrittweise kaltes Wasser darunterschlagen, bis die Konsistenz cremig ist. Salzen und pfeffern.

Tahinidressing

75 g helles Tahini
Saft von ½ Zitrone
1 Knoblauchzehe, fein gehackt
Salz, schwarzer Pfeffer und Honig

• Tahini, Zitrone und Knoblauch verrühren. Schrittweise ca. 4 EL kaltes Wasser darunterschlagen.

Tahinidressing mit Sardellen

1 Knoblauchzehe, geschält
3 Sardellenfilets
2 TL Dijonsenf
2 EL Zitronensaft
4 EL helles Tahini
3 EL neutrales Rapsöl
3 EL Parmesan, fein gerieben
Salz und schwarzer Pfeffer
Chiliflakes

• Knoblauch und Sardellen fein hacken. Senf, Zitronensaft und Tahini mischen. Schrittweise das Öl und ca. 2 EL eiskaltes Wasser unterrühren. Käse unterheben. Salzen und pfeffern, evtl. mit Chili würzen.

Dünnflüssige Dressings

Diese Dressings enthalten fast alle eine Sorte Öl, eines sogar Butter und einige nur Fischsoße. Dünnflüssige Dressings passen zu allen Sorten Salat, zu zarten und festen Typen. Am besten gelingt es, wenn man Salat und Dressing in einer großen Schüssel vermengt, damit alle Blätter Aroma bekommen. Nicht vergessen, die Salatblätter vorher abzutrocknen, nasse Blätter ergeben einen matschigen Salat.

Vinaigrette mit Rotweinessig

½ Knoblauchzehe, fein gehackt
1 TL Dijonsenf
1 TL Oregano, getrocknet
2 EL Rotweinessig
4 EL Olivenöl
Salz und schwarzer Pfeffer

• Die Zutaten in einer Schüssel verschlagen oder in einem Mixbecher mit Deckel mixen. Mit Salz und Pfeffer würzen.

Vinaigrette mit weißem Balsamicoessig

1 TL Dijonsenf
1 EL weißer Balsamicoessig
3 EL Olivenöl
Salz und schwarzer Pfeffer

• Die Zutaten in einer Schüssel verschlagen oder in einem Mixbecher mit Deckel mixen. Mit Salz und Pfeffer würzen.

Vinaigrette mit brauner Butter und Kapern

100 g Butter
55 g Kapern
2 TL Dijonsenf
2 EL Sherry- oder Apfelcidreessig
3 EL Olivenöl
Salz und schwarzer Pfeffer

• Butter in einem Topf köcheln, bis sie eine hellbraune Farbe annimmt.
• Die Kapern zum Schluss hinzufügen, sodass sie sich öffnen. Auf Küchenpapier abtropfen lassen. Butter in eine Schüssel geben.
• Mit Senf, Essig und Öl verschlagen. Die braune Butter unterheben, die Kapern hineingeben und mit Salz und Pfeffer abschmecken.

Zitronen-Dill-Dressing

Saft und fein geriebene Schale von 1 Zitrone
10 g Dill, gehackt
4 EL Olivenöl
Salz und Pfeffer

• Sämtliche Zutaten in einer Schüssel oder im Mixbecher mischen. Mit Salz und Pfeffer würzen.

Zitronen-Estragon-Dressing

Saft von 1 Zitrone
1 TL Dijonsenf
1 EL Estragonblätter in Essig
4 EL Olivenöl
Salz, schwarzer Pfeffer und Feinzucker

• Die Zutaten in einer Schüssel verschlagen oder in einem Mixbecher mit Deckel mixen. Salzen, pfeffern und mit einer Prise Zucker würzen.

Zitronen-Honig-Jalapeño-Dressing

1 TL Dijonsenf
2 TL Honig
Saft von ½ Zitrone
3 EL Olivenöl
1 frischer Jalapeño oder anderer Chili
Salz und schwarzer Pfeffer

• Sämtliche Zutaten bis auf den Chili in einer Schüssel verschlagen oder in einem Mixbecher mit Deckel mixen.
• Chili in Scheiben schneiden oder fein hacken, dann hinzufügen. Mit Salz und Pfeffer würzen.

Zitronen-Sriracha-Dressing

1 Knoblauchzehe, fein gehackt
2 TL Srirachasoße
2 TL Ahornsirup
Saft von 1 Zitrone
1 EL japanische Sojasoße
4 EL Olivenöl
Salz und schwarzer Pfeffer

• Die Zutaten in einer Schüssel verschlagen oder in einem Mixbecher mit Deckel mixen. Mit Salz und Pfeffer würzen.

Chiliöldressing

2 TL Ahornsirup
1 EL Reisweinessig
2 EL japanische Sojasoße
4 EL Chiliöl (S. 170)

• Die Zutaten in einer Schüssel verschlagen oder in einem Mixbecher mit Deckel mixen.

Chilidressing mit Zitrone

1 Chili, entkernt und fein gehackt
Saft und fein geriebene Schale von 1 großen Zitrone
5 EL Olivenöl
Salz, schwarzer Pfeffer und Feinzucker

• Die Zutaten in einer Schüssel verschlagen oder in einem Mixbecher mit Deckel mixen. Salzen, pfeffern und mit einer Prise Zucker würzen.

Chilidressing mit Fischsoße

2 Schalotten, fein gehackt
½ Knoblauchzehe, fein gehackt
2 TL Fischsoße
1 ½ EL Rotweinessig
3 EL Olivenöl
2–3 EL Chiliöl (S. 170)
Salz und schwarzer Pfeffer

• Die Zutaten in einer Schüssel verschlagen oder in einem Mixbecher mit Deckel mixen. Mit Salz und Pfeffer würzen.

Soja-Chili-Dressing

2 Knoblauchzehen, fein gehackt
1 roter Chili, entkernt und fein gehackt
1 TL Feinzucker
2 TL Sesamöl
1 EL Reisweinessig
2 EL japanische Sojasoße

• Die Zutaten in einer Schüssel verschlagen oder in einem Mixbecher mit Deckel mixen. Mit Salz und Pfeffer würzen.

Soja-Sesam-Dressing

1 TL Feinzucker
2 TL Sesamöl
1 EL japanische Sojasoße
2 EL Reisweinessig
Salz und schwarzer Pfeffer

• Die Zutaten in einer Schüssel verschlagen oder in einem Mixbecher mit Deckel mixen. Mit Salz und Pfeffer würzen.

Miso-Dressing

1 roter Chili, entkernt und fein gehackt
1 EL frischer Ingwer, fein gerieben
2 EL Sesamöl
1 EL Ahornsirup
2 EL weißes Miso
2 EL Reisweinessig
2 EL Olivenöl

• Die Zutaten zum Dressing mischen.

Granatapfel-dressing

2 EL weißes Miso
1 EL Granatapfelsirup
4 EL Olivenöl
Salz und schwarzer Pfeffer

• Die Zutaten in einer Schüssel verschlagen oder in einem Mixbecher mit Deckel mixen. Mit Salz und Pfeffer würzen.

Prik-Nam-Pla-Dressing

1–2 kleine Bird's-Eye-Chili, entkernt und fein gehackt
2 Knoblauchzehen, fein gehackt
2 TL Palm- oder Feinzucker
2 EL Fischsoße
2 EL neutrales Rapsöl
3 EL Limettensaft

• Alle Zutaten mischen und rühren, bis sich der Zucker aufgelöst hat.

Tomaten-Limetten-Dressing

1–2 Knoblauchzehen, geschält
1–2 rote Chili, z. B. Bird's Eye, entkernt
1 ½ EL Fein- oder Palmzucker
2 EL Fischsoße
3 EL Limettensaft
250 g Kirschtomaten

• Knoblauch und Chili zu einer feinen Paste hacken oder im Mörser zerstoßen. Fischsoße und Limettensaft darunterrühren.
• Die Tomaten in Viertel schneiden und in das Dressing geben.

Nuoc-Cham-Dressing

3 EL Palm- oder Feinzucker
1 Bird's-Eye-Chili oder eine mildere Sorte, fein gehackt evtl. ohne Kerne
2 Knoblauchzehen, fein gehackt
3 EL Fischsoße
4 EL Reisweinessig oder Limettensaft

• Zucker und 100 ml Wasser aufkochen lassen. 5 Minuten kochen lassen, bis der Sirup leicht dickflüssig wird. Abkühlen lassen und die restlichen Zutaten einrühren.

Pecorino-Dressing

2 TL Honig
Saft und fein geriebene Schale von 1 Zitrone
4 EL Olivenöl
5 EL Pecorino, fein gerieben
Salz und schwarzer Pfeffer

• Alle Zutaten in einer Schüssel vermischen. Mit Salz und Pfeffer würzen.

Nussiges Senf-Honig-Dressing

1 TL Dijonsenf
2 TL Honig
1 EL Apfelcidreessig
1 EL Nussöl oder Nussbutter
2 EL Olivenöl
Salz und schwarzer Pfeffer

• Die Zutaten in einer Schüssel verschlagen oder in einem Mixbecher mit Deckel mixen. Mit Salz und Pfeffer würzen.

Butter

Aromatisierte Butter passt zu fast allem: zu gekochten, gedämpften und gegrillten Gemüsen, zu Pasta und verschiedenen Fleisch- und Fischsorten. Auch gut zu gebratenem Pak Choi oder Salat, z. B. Herzsalat und Romanasalat.

Braune Salbei-Kapern-Butter

75 g Butter
4 EL Kapern
1 Bund Salbei
evtl. Zitronensaft oder weißer Balsamicoessig

• Die Butter in einer Pfanne bräunen, bis sie nicht mehr „brutzelt“. Die Kapern zusammen mit den Salbeiblättern in eine Bratpfanne geben. Unter Rühren bräunen, bis sich die Kapern öffnen und die Butter nussig duftet und hellbraun wird.
• Eventuell etwas Zitronensaft oder Essig hinzufügen.

Braune Haselnuss-Salbei-Butter

4 EL Haselnüsse
75 g Butter
1 Bund Salbei
evtl. 1 Schuss Balsamico- oder Sherryessig

• Haselnüsse trocken in einer Pfanne rösten, bis sie leicht Farbe zeigen. Herausnehmen und nach dem Abkühlen grob hacken.
• Die Butter in einer Pfanne bräunen, bis sie nicht mehr „brutzelt“. Salbeiblätter hinzufügen und unter Rühren weiter bräunen, bis die Butter nussig duftet und hellbraun ist. Die Haselnüsse unterheben.
• Etwas Essig hinzufügen wenn Sie es säuerlich mögen.

Braune Soja-Chili-Butter

75 g Butter
1 EL frischer Ingwer, fein gerieben
2 Knoblauchzehen, fein gehackt
1 roter Chili, fein gehackt, oder
2 EL Srirachasoße
1 EL japanische Sojasoße

• Die Butter in einer Pfanne bräunen, bis sie nicht mehr „brutzelt“.
• Ingwer, Knoblauch und Chili hinzufügen und unter Rühren weiter anbräunen, bis die Butter nussig duftet und hellbraun ist.
• Die Sojasoße einrühren.

Miso-Butter

75 g Butter, Zimmertemperatur
2 EL weißes Miso
1 TL Limettensaft
Salz und schwarzer Pfeffer

• Butter und Miso vermengen. Mit Limettensaft würzen, salzen und pfeffern.

Süße Cremes und Dressings

Diese vier Cremes können wunderbar separat zu Obst- und Beerendesserts serviert werden. Das etwas dünnflüssigere Limetten-Honig-Dressing ist gut zum Marinieren aller Arten Obstwürfel geeignet.

Curd-Joghurt

150 ml Zitronencurd oder eine andere Sorte
400 g Joghurt, 10 % oder mehr

• Curd und Joghurt leicht zu einer feinen „Tigerstreifencreme" verrühren.

Joghurtcreme mit Vanille

150 ml Schlagsahne
1 ½ EL Feinzucker
1 Vanilleschote, ausgekratzt, oder 1 TL echtes Vanillepulver
300 g Joghurt, 10 %

• Die Sahne leicht mit dem Feinzucker und dem Innenleben der Vanilleschote oder dem Vanillepulver schlagen.
• Den Joghurt unterheben.

Geschlagene Zitronencreme

Schale von 1 Zitrone, fein gerieben
200 g Crème fraîche
2 EL Feinzucker
½ Vanilleschote oder ½ TL echtes Vanillepulver

• Zitronenschale, Crème fraîche, Feinzucker und das Vanillemark oder Vanillepulver zu einer fluffigen Creme schlagen.

Weiße Schokoladencreme

50 g weiße Schokolade
300 g Joghurt, 10 %
fein geriebene Schale von 1 Limette

• Schokolade fein reiben, dann mit Joghurt und Limettenschale mischen.

Limetten-Honig-Dressing

Saft von 2 Limetten
fein geriebene Schale von 1 Limette
3 EL flüssiger Honig
1 Bund Zitronenmelisse oder Minze, fein gehackt
1 Prise Salz

• Die Zutaten vermischen.

Gewürze

Vier unentbehrliche Gewürze aus meiner Küche. Körnermischungen sind fertig erhältlich, aber manchmal schwer zu bekommen. Chiliöl, Lao Gan Ma, gibt es in asiatischen Lebensmittelgeschäften, wenn Sie es nicht selbst herstellen. Wenn Sie das Rezept vereinfachen möchten, können Sie einfach einige Zutaten weglassen. Bereiten Sie gern größere Mengen Gewürzmischungen zu, sie sind viele Wochen haltbar (eingelegter Chili und Chiliöl im Kühlschrank).

Dukkah

70 g Haselnüsse
75 g Sesamsamen
2 TL Fenchelsamen
2 TL Kümmel, ganz
1 TL Koriandersamen, ganz, oder gemahlener Koriander
ca. 1 TL Salzflocken

• Die Nüsse und Gewürze in einer Pfanne trocken rösten. Zwischendurch umrühren.
• Alles grob hacken oder mixen, dann mit den Salzflocken mischen.

Za'atar

3 EL Sesamsamen
1 TL Oregano, getrocknet
½ TL Majoran oder Thymian
1 EL Sumach oder fein geriebene Schale von 1 Zitrone
10 g Salz

• Haselnüsse trocken in einer Pfanne rösten, bis sie leicht Farbe zeigen.
• Kräuter hinzufügen und abkühlen lassen. Mit Sumach/Zitronenschale und Salz mischen, dann zu groben Streuseln mixen oder zerstoßen.

Eingelegter Chili

6–10 Chili nach Wahl
50 ml Essigessenz, 12%, oder Reisweinessig
90 g Feinzucker

• Chili in dünne Streifen schneiden (evtl. erst entkernen) In ein gut gereinigtes Glas geben. Essigessenz, Zucker und 200 ml Wasser aufkochen lassen.
• Abkühlen lassen und den Sirup über den Chili gießen. Deckel schließen.

Chiliöl

250 g Schalotten
1 Knoblauchzehe, ganz
50 g frischer Ingwer
400 ml neutrales Rapsöl oder Erdnussöl
1 EL Sichuanpfeffer, ganz
1 TL Fenchelsamen
1 Zimtstange
3 Sternanis
10 kleine getrocknete Chili (im Asia-Laden erhältlich)
60 g Gochugaru (koreanisches Chilipulver)
4 EL geröstete Erdnüsse
3 EL geröstete Sesamsamen
1 EL schwarze Bohnenpaste
2 EL Sesamöl

• Zwiebeln und Knoblauch in dünne Scheiben schneiden. Ingwer in dünne Streifen schneiden.
• Zwiebeln in einer Pfanne ca. 10 Minuten bei starker Hitze unter Rühren in Öl braten, bis sie Farbe zeigen. Hitze reduzieren.
• Sichuanpfeffer und Fenchelsamen zerstoßen. Mit in die Pfanne geben, Zimt und Sternanis hinzufügen. Bei schwacher Hitze ca. 20 Minuten braten.
• Chili entkernen, in Stücke schneiden und mit dem Gochugaru in eine hitzebeständige Form geben.
• 300 ml Öl in einem Topf auf ca. 180 Grad erhitzen. Das Öl unter Rühren über den Chili geben. Ganz abkühlen lassen.
• Die Zwiebeln über das Chiliöl abseihen. Dann vollständig abkühlen lassen.
• Die Erdnüsse grob hacken und mit Chiliöl, Zwiebeln, Sesamsamen, Bohnenpaste und Sesamöl vermengen.
• Kalt aufbewahren.

Register

Danke

Eje & Sami
Weil Gurkensticks und Möhren nicht als Salat gelten, ist euer Lieblingsrezept nicht dabei. Ich liebe euch.

Matti
Danke fürs Spülen und deine Liebe.

Matilda
Endlich haben wir das Buch fertig. Danke, dass du bist, wie du bist.

Marta
Du bist die Allerbeste.

Susanna
Danke für Geduld und warme Worte.

Eva
Ideen und Engagement sind deine Paradedisziplinen.

Daniela & Erica
Ohne euch wäre das Buch eine triste Bleiwüste.

Impressum

Herausgegeben von Bonnier Fakta

Originaltitel Sallader med smak

2. Auflage 2024

Übersetzung: Elke Adams

Gestaltung: Daniela Juvall

Herstellung: LV Media Pro im Landwirtschaftsverlag GmbH, Anja Luszek-Hoffmann (Ltg.), Ingo Feyka

Druck: Grafisches Centrum Cuno GmbH, Calbe

ISBN 978-3-7843-5776-8

www.lv-buch.de

FSC www.fsc.org MIX Papier | Fördert gute Waldnutzung FSC® C043106

Größe	Zeichen	Einheit		Weitere Einheiten		Beziehungen
Temperatur	T	Kelvin	K	Grad Celsius	°C	0 K ≙ −273,15 °C 0 °C ≙ 273,15 K
Länge	l	Meter	m	Meile Zoll	mi ″	1 mi = 1609 m 1″ = 2,54 cm
Fläche	A	Quadratmeter	m^2	Hektar	ha	$1\,ha = 10\,000\,m^2$
Volumen	V	Kubikmeter	m^3	Liter	l, L	$1\,l = 1\,dm^3 = 0{,}001\,m^3$ $1\,m^3 = 1000\,l$
Masse	m	Kilogramm	kg	Tonne	t	1 t = 1000 kg
Dichte	ϱ	Kilogramm pro Kubikmeter	$\frac{kg}{m^3}$	Gramm pro Kubikzentimeter	$\frac{g}{cm^3}$	$1\,\frac{g}{cm^3} = 1000\,\frac{kg}{m^3}$
Kraft	F	Newton	N			$1\,N = 1\,\frac{J}{m}$
Druck	p	Pascal	Pa	Bar	bar	$1\,Pa = 1\,\frac{N}{m^2}$ 1 bar = 100 000 Pa
Energie, Arbeit	E, W	Joule	J	Kilowattstunde	kWh	1 J = 1 Nm = 1 Ws 1 kWh = 3,6 MJ
Leistung Energiestrom	P	Watt	W			$1\,W = 1\,\frac{J}{s} = 1\,\frac{Nm}{s}$
Zeit	t	Sekunde	s	Minute Stunde	min h	1 min = 60 s 1 h = 60 min = 3600 s
Frequenz	f	Hertz	Hz			$1\,Hz = \frac{1}{s}$
Geschwindigkeit	v	Meter pro Sekunde	$\frac{m}{s}$	Kilometer pro Stunde	$\frac{km}{h}$	$1\,\frac{m}{s} = 3{,}6\,\frac{km}{h}$
Beschleunigung	a	Meter pro Sekunde zum Quadrat	$\frac{m}{s^2}$			
Stromstärke	I	Ampere	A			
Spannung	U	Volt	V			$1\,V = 1\,\frac{W}{A}$
Widerstand	R	Ohm	Ω			$1\,\Omega = 1\,\frac{V}{A}$
Aktivität	A	Becquerel	Bq			$1\,Bq = \frac{1}{s}$
Äquivalentdosis	D	Sievert	Sv			

1 Physikalische Größen und ihre Einheiten

Grundgröße	Einheit	
Länge	Meter	m
Masse	Kilogramm	kg
Zeit	Sekunde	s
Stromstärke	Ampere	A
Temperatur	Kelvin	K
Stoffmenge	Mol	mol
Lichtstärke	Candela	cd

2 Grundgrößen und Einheiten des SI-Systems

SI-Einheiten • Wir geben Längen in Metern und Kilometern an, Flächen z. B. in Quadratmetern. In England verwendet man Fuß, Meilen und Quadratfuß. Temperaturen werden bei uns in Grad Celsius angegeben, in England in Fahrenheit. Damit die verschiedenen Einheiten bei internationalen Projekten nicht zu Fehlern führen, hat man ein gemeinsames Einheitensystem festgelegt (SI-System). Es enthält 7 Grundgrößen. → 2 Die anderen Größen werden aus ihnen abgeleitet.